*E 300
J
Double

# DU CONTRAT-SOCIAL,

## ESSAI.

Par JACQUES LOUAULT,
*Cultivateur au Canton de Brie, Département de Seine-et Marne.*

Il en est de la liberté comme de la santé ; on n'en parle, on ne s'en occupe sérieusement, que quand on n'en jouit plus.

*A PARIS,*

Chez { KNAPEN père, Lib.-Imprimeur, au bas du Pont S. Michel.
KNAPEN fils, rue S. André-des Arts, N° 46.

*Et à MELUN,*

Chez TARBÉ, Lib.-Imp. du Département.

*An V. de la République Française.*

J'ai écrit dans les hivers de 1795 et de 1796. Pendant les beaux jours, je donne tout mon temps et mes soins à la culture.

# A MA FEMME.

C'est à toi, ma chère Femme, que je dedie ce foible Essai. C'est en quelque sorte ton Ouvrage que je te présente; car tu m'as souvent aidé de tes réflexions; & quand j'ai voulu fixer mes idées sur la vocation de ton sexe ; parler des qualités, des vertus qui lui sont propres, c'est toi que j'ai prise pour premier modèle. Ce travail est devenu pour moi une jouissance nouvelle, parce qu'il m'a souvent rappellé, que c'est à cause de toi que j'ai dû chérir la vie. Eh ! pourrois-je refuser ce juste témoignage à la compagne fidèle, qui m'a si courageusement aidé à la defendre & à la supporter, cette vie, si pénible & tant de fois troublée, pendant ces jours, dont le souvenir glace encore d'effroi !

# TABLE
## DES LIVRES ET CHAPITRES.

### LIVRE PREMIER.

*Des choses qui tiennent ou répugnent à l'essence du Contrat social.*

## LIVRE II.

*Des différents Gouvernements, et de leurs contrepoids.*

## LIVRE III.

*Des Bases générales communes à tous les Gouvernements.*

## LIVRE IV.

*Principes et conséquences du Pouvoir moral.*

## LIVRE V.

*Principes et Conséquence du Pouvoir de la Loi.*

## LIVRE VI.

*Considérations générales sur l'Agriculture, les Arts et Métiers, et le Commerce.*

*Fin de la Table.*

*AVERTISSEMENT*

# AVERTISSEMENT.

S'IL faut lire beaucoup de livres avant d'écrire, j'ai tort de prendre la plume. S'il suffit de faire soi même des remarques, des réflexions, je suis peut-être excusable. Né pauvre, et dans un village où j'ai passé mes premières années, je me trouve, à quarante-cinq ans, pauvre encore relativement à ma position, et fixé dans un village. Je n'ai pas eu dans l'origine, et je n'ai pas davantage à présent l'instruction, les conseils, les facilités de tout genre qui sont à desirer pour écrire convenablement, sur-tout sur la politique. Pendant vingt-cinq ans j'ai beaucoup travaillé à Paris dans un état pénible et désagréable, mais qui fournit souvent l'occasion de voir l'homme tel qu'il est, et de réfléchir sur les institutions sociales. C'est dans ce livre sans ordre que j'ai lu avant la révolution. Depuis j'ai observé les événements. Voilà les seules sources où j'ai puisé.

Les gens qui ont beaucoup lu, trouveront probablement que je n'ai pas dit tout ce qui convient. Je desire qu'ils fassent mieux, puisqu'ils le peuvent; je les en conjure même au nom de l'intérêt public. Pour moi je dirai, dans le peu que je sçai, tout ce que je crois utile.

Je ne dirai pas des choses neuves; car, dans ce cas-ci, les principes sont ce qu'ils ont été, ce qu'ils seront toujours. Je ne puis et ne veux que les classer, pour en tirer plus aisément les conséquences.

Rousseau, cet homme malheureusement trop célèbre, a tracé une esquisse sur ce sujet; mais le résultat de cet écrit singulier et dangereux, c'est qu'il n'existe pas de contrat social. La volonté, que dis-je! le simple caprice de la multitude peut, à chaque instant, changer et détruire les meilleures institutions, le pacte social lui-même.

Auteur bizarre et farouche! ton génie, comme la flamme dévorante, dénature ou détruit tout ce qu'il atteint : ton livre n'est qu'une critique amère de tous les gouvernements : tes principes mènent directement à l'anarchie, le plus terrible des fléaux.

Mon dessein n'est pas de suivre ni de réfuter cet écrivain subtil et captieux : ceux qui l'ont lu remarqueront bientôt que j'ai des opinions opposées sur les points essentiels. Qu'ils ne me lisent pas, s'ils sont enthousiastes; qu'ils jugent, s'ils sont assez maîtres d'eux. Ce que je dis est de moi, de moi seul. Je n'ai et ne veux avoir pour l'instant aucun livre (1), Je cherche dans la seule nature des choses ce que c'est que le contrat social, et quels résultats, quels effets il doit produire.

---

(1) J'ai pourtant celui de Rousseau; mais on ne m'accusera pas de l'avoir copié. J'ai aussi les trois Constitutions faites depuis quatre ans pour la France.

# DU CONTRAT SOCIAL, ESSAI.

## LIVRE PREMIER,

### DES CHOSES QUI TIENNENT OU RÉPUGNENT A L'ESSENCE DU CONTRAT SOCIAL.

## CHAPITRE PREMIER.

### *Définition.*

LE mot contrat* suppose une convention entre deux ou plusieurs personnes. Le premier, le plus sacré des contrats, est le contrat social : c'est l'acte exprès ou tacite, par lequel les individus épars d'une contrée s'unissent, pour assurer à chacun en particulier, sa liberté, sa propriété, et à leur société en corps, la souveraineté. Le but de cette association est de procurer à chaque individu une existence convenable, et à tous la paix intérieure et extérieure, la paix, sans laquelle la vie n'est qu'une longue et cruelle agonie.

Il suit de cette définition que la liberté, la propriété individuelles et la souveraineté pour le corps social, sont les trois choses qui constituent essentiellement ce contrat, quelque part qu'il ait lieu. Il y a beaucoup d'autres choses qui tiennent à sa nature mais cela dépend du temps, du lieu, des personnes et des choses mêmes. Cela dépend aussi de l'espèce du gouvernement, qui, à son tour, n'est pas et ne peut être le même partout. Je tâcherai de donner là-dessus au moins des idées générales : il faut commencer par ce qui tient à l'essence du contrat.

## CHAPITRE II.

### *De l'état de nature.*

TOUS les animaux sans excepter l'homme, naissent avec des besoins, mais l'homme naît encore avec des passions (*a*).

(*a*) Dès que l'animal a satisfait au besoin physique, il se repose, il ne prévoit ni ne desire rien, au-delà du repos. C'est-là selon moi la ligne de démarcation entre l'homme & la brute.

Je sçai qu'on peut faire des objections, citer des

Toutes les passions sans exception, ainsi que les vertus opposées, ont un principe commun et unique. C'est le desir que l'homme apporte en naissant et qu'il conserve jusqu'au dernier soupir d'avoir, et d'avoir encore. Biens réels ou imaginaires, ce desir dans son principe embrasse tout, sans aucune exception.

Considéré comme universel et indéfini, ce desir n'est pas seulement un vice, c'est une véritable folie; mais il est tempéré, il est déterminé vers tel ou tel objet par la raison, ou ce qui est à peu près la même chose dans le cas présent, par le plus grand intérêt de l'individu. C'est la raison, ou si l'on veut l'effet du raisonnement, qui fait que l'action est bonne ou mauvaise. En un mot, ce desir quand il est modifié convenablement, produit toutes les vertus, même celles qui au premier abord lui semblent opposées; telles que la bienfaisance, la générosité, quelquefois même le sacrifice volontaire de l'individu.

Je pourrois citer bien des faits qui jus-

---

faits qui semblent supposer quelques raisonnements dans les bêtes, mais je soutiens qu'on peut expliquer tous ces faits par des causes tirées du seul besoin physique; qu'aucun ne peut supposer dans l'animal le desir d'avoir & d'avoir encore, c'est-là mon mot & il s'applique sur-tout aux passions.

tifient ce que j'avance; mais sans insister sur l'effet des passions, il suffit pour l'instant de convenir que l'homme dans l'état de nature, a des besoins et des desirs; qu'on les borne autant qu'on le voudra, les arguments ne sont pas moins pressants.

S'il est tourmenté par la faim (*a*), il faut qu'il mange; s'il a sous la main un fruit, un aliment quelconque, il peut s'en servir; s'il distingue deux ou plusieurs objets également propres à le rassasier, il voudra choisir; si l'on suppose qu'il est là seul, il pourra satisfaire à la fois et son goût et son appétit, choisir et manger : mais comment supposer un homme seul?

Dès qu'il y a deux hommes dans le même lieu, tout change; ils ont les mêmes besoins, les mêmes desirs. Tous les deux voudront la même chose, et s'il y a plusieurs choses, chacun voudra celle qui est le plus de son goût.

Ces volontés opposées produiront néces-

---

(*a*) Je prends ici l'homme dans toute sa force; l'enfance, les infirmités, la vieillesse, le sexe, l'amour besoin ou passion, une foule d'autres considérations fourniroient des arguments plus pressants peut-être; je préfère la supposition la plus simple & la plus à portée de tous les lecteurs.

nairement un combat, si chacun persévère : voilà l'origine de la guerre.

Ou bien l'un des deux subira la loi qu'il plaira à l'autre de dicter : voilà l'origine de l'esclavage.

Ou bien enfin les deux volontés se modifiant l'une par l'autre, chacun prendra une portion de la chose convoitée : voilà l'origine du contrat social.

On peut supposer que l'un des deux prétendans prenne la fuite, mais ceci rentre dans le second cas. Celui qui fuit est esclave, comme celui qui se laisse faire la loi. Souvent il l'est davantage.

Le combat est un état violent qui ne peut durer. Sans doute le vainqueur peut faire la loi, et s'il n'écoute que son orgueil il la fera, et de là encore l'esclavage : s'il est juste et prévoyant, il admettra le vaincu au partage, et de là encore le contrat social.

## CHAPITRE III.

### *De la Liberté.*

L'HOMME est né libre, dit Rousseau ; moi je dis qu'il est né pour la liberté, ce qui suppose la même fin ; mais un principe bien différent. Dans l'état de nature il est impossible de voir autre chose que la force et l'audace d'un côté, la foiblesse et la crainte de l'autre. C'est la convention, c'est le pacte social qui rétablit l'égalité relative, autrement dit justice. C'est ce pacte qui donne naissance à la force publique, toujours supérieure à la force d'un individu ; c'est ce pacte qui fait que le foible est aussi libre que le fort, et que chacun ne doit craindre que sa conscience et la loi.

C'est aussi une erreur, que dis-je ! c'est une calomnie d'avancer, comme fait Rousseau, que l'homme est par tout dans les fers ; car c'est supposer que le pacte social lui même, est un monument d'esclavage. Les conditions de ce pacte ne sont pas des fers ; car c'est par sa volonté, par un des effets de sa liberté, que l'homme les a stipulées. Elles ont précisément pour objet de le maintenir libre.

Qu'est-ce en effet que la liberté? C'est le droit d'agir selon sa volonté et son pouvoir, sans nuire à autrui (*a*). Cette réserve, sans

---

(*a*) Ce mot *autrui*, reçoit son application non pas seulement d'un individu à un autre individu, mais aussi de l'individu au corps social, & de l'individu à lui-même. Ainsi sous le premier rapport je ne puis par exemple anticiper sur l'héritage de mon voisin ; sous le nuire à autrui, suppose donc un droit distinct et préétabli, et ce droit ne peut être réglé que par une convention.

Il est évident d'ailleurs que l'homme dans l'état de nature n'est pas libre. La liberté absolue suppose une indépendance absolue, qui n'est pas dans cet état, puisque dans tous les instans de sa vie, l'homme dépend de ses besoins, de ses desirs : elle suppose un pouvoir qu'il n'a pas, puisqu'il peut rencontrer quelqu'un plus fort que lui, et que s'il est le plus fort aujourd'hui, demain il peut être le plus foible.

En un mot, celui-là est libre qui, ses besoins satisfaits, conserve le desir et l'espoir légitime d'avoir et d'avoir encore. Je dis l'espoir légitime, parce que je suppose toujours la condition fondamentale, *sans nuire*. Cette condition règle le desir et l'action qui en est la suite; mais elle ne les limite pas, Tel peut, en s'y conformant strictement, parvenir du sein de la pauvreté même, au

deuxième, je ne puis anticiper sur un chemin public; sous le troisième, je ne puis sous prétexte que les choses sont à moi en abuser, par exemple, brûler les bleds de ma moisson; dans ce cas là & dans tous ceux qu'on peut imaginer, l'individu ne peut se nuire, sans nuire par contre-coups à sa famille, à la société, ne fut-ce que par le scandale.

comble de la richesse et des honneurs, par l'effet du hazard, de la libéralité, ou ce qui est plus honorable et plus flateur, par le seul effet des talens, du génie.

## CHAPITRE IV.

### *De l'Esclavage.*

C'EST parce que l'esclave n'a pas cet espoir d'avoir et d'avoir encore, qu'il est esclave. Il appartient avec toutes ses facultés, toutes ses espérances à son maître; du moins celui-ci le prétend, et se conduit en conséquence. Si l'esclave agit, ce n'est donc pas pour lui et par une impulsion qui lui soit propre. Aussi presque toujours il faut employer sur lui la contrainte, quelquefois même la violence. C'est la crainte du châtiment qui fait mouvoir l'esclave, comme c'est la crainte qui fait que les animaux obéissent à l'homme, quand du reste leurs besoins sont satisfaits.

Il suit de là que l'esclavage est un état contre-nature que rien ne peut légitimer. En supposant que l'esclave lui même y ait consenti, il est clair que c'est l'ignorance ou la violence qui a causé ce consentement; et dans l'un comme dans l'autre cas, son engagement est nul.

Ce que je dis de l'esclavage s'applique aux servitudes personnelles ; c'est un esclavage momentané ou de circonstances, je l'avoue ; mais il est contre la nature que l'homme renonce à la liberté, même pour un temps ou pour un cas déterminé. J'entends la liberté sociale dans le sens du précédent chapitre.

Ces républicains si vantés par les amateurs du merveilleux, les Romains donnoient au père le droit de tuer son fils. Ils ne pouvoient pas refuser le même droit au maître sur l'esclave. Mais, pour peu qu'on réfléchisse, il est clair que l'esclavage ne suppose pas le droit de tuer, si ce n'est en un seul cas qui rentre dans le droit commun, celui où le maître est attaqué et forcé à se défendre. Hors ce seul cas, le maître qui tue son esclave est un assassin que la loi doit punir, comme s'il eût tué un homme libre, et même plus rigoureusement dans certains cas qu'on peut imaginer, mais qu'il est inutile de détailler ici.

Sans doute le maître peut châtier l'esclave, parce que c'est le moyen le plus simple pour le faire agir : mais ce droit a ses règles, ses limites, que l'autorité publique doit déterminer. Il est sensible, par exemple, que le châtiment est répréhensible, et même punissable, si par suite l'esclave est estropié.

Il est sans difficulté que le maître doit nourrir son esclave; mais doit-il des aliments à l'esclave devenu infirme, et qui n'est plus d'aucune utilité? Peut-il tuer celui-là, comme on tue un cheval dont on n'espère plus de service? Il faut dire oui sur la première question, non sur la seconde. Et d'abord la reconnoissance, ou du moins la pitié, parle ici en faveur de l'esclave: mais l'intérêt du maître et l'intérêt public parlent plus fortement encore. L'insensibilité, la dureté du maître réduiroient les autres esclaves au désespoir. Et que peut-on se promettre du désespoir? Tous les maux imaginables, mais à coup sûr la ruine du maître et quelquefois celle de tous les maîtres. C'est une triste vérité à dire; presque toujours c'est le maître qui a le premier tort, quand l'esclave tente de se revolter.

---

## CHAPITRE V.

### *Que souvent l'Esclavage a le même principe que la Liberté Républicaine.*

On ne peut se refuser au sentiment de la douleur, quand on observe que l'esclavage existe presque toujours à côté de la liberté républicaine. Cet état contradictoire et révoltant étoit celui de toutes les républiques anciennes, c'est aujourd'hui celui de la Pologne. On voit au contraire avec plaisir qu'il n'y a point ou presque point d'esclaves dans les monarchies. Cela résulte des principes et de la nature de ces gouvernements. Nous verrons dans la suite que c'est bien plus l'orgueil et l'intérêt personnel, qu'un dévouement généreux, qui donne le génie de la république. Ce même intérêt personnel est aussi ce qui fait naître et qui entretient l'esclavage. Dans la monarchie cet intérêt personnel cède forcément, si l'on veut, à l'intérêt public, ou, si l'on veut encore, à l'intéret du prince. Or l'intérêt du prince est qu'il n'y ait pas d'esclaves; car c'est une propriété sur laquelle il n'auroit aucun droit direct : plus il y auroit d'esclaves, moins il y auroit d'hommes libres, et, par une suite nécessaire, moins de ressources en tout genre.

L'état des nègres dans les colonies ne contredit pas ce que j'avance. C'est une exception qui confirme la règle. Cet esclavage s'exerce par une cause forcée, et dans des lieux gouvernés par des principes particuliers, principes qui, s'ils ne sont pas absolument opposés aux principes monarchiques, en sont du moins très-différents. La preuve, c'est que l'esclave même nègre, devient libre, dès-là seulement qu'il touche du pied le sol de la monarchie, si son maître n'a pas rempli certaines formalités pour assurer son retour dans la colonie. Les loix françoises ont sur ce point des dispositions expresses.

## CHAPITRE VI.

### *De l'Affranchissement.*

C'EST l'acte exprès ou tacite qui rappelle l'esclave à son état naturel, la liberté. Cet acte honore à la fois, et le maître qui sait être juste et l'esclave qui a mérité. L'espoir de l'affranchissement est le moyen assuré d'attacher l'esclave aux intérêts du maître. L'autorité publique doit toujours favoriser l'affranchissement, excepté en un seul cas, celui d'un affranchissement si général et si nombreux, qu'il pourroit en résulter du désordre : car le bien même devient un mal dans certains cas.

Ce n'est pas assez que l'autorité favorise l'affranchissement ; il est dans la nature des choses, qu'il ait lieu de plein droit en certains cas déterminés ; par exemple, si le maître abuse de son autorité jusqu'au point d'estropier son esclave, ou bien pour corrompre la femme ou la fille esclave; car c'est-là abuser, et non pas jouir. Nous verrons dans la suite que le propriétaire n'a jamais le droit d'abuser.

J'ai

J'ai dit qu'il faut que l'affranchissement ait lieu de plein droit, c'est-à-dire, que la loi doit le prononcer clairement et formellement dans le cas déterminé, en telle sorte qu'il suffise d'établir le fait; autrement, c'est-à-dire, s'il falloit mettre en question, si le cas est ou n'est pas assez grave, peser et juger les circonstances; on conçoit que l'esclave réussiroit bien rarement, il n'oseroit pas même intenter l'action.

Enfin, lorsque l'esclavage a lieu, le bon sens exige qu'il y ait un officier public chargé de surveiller, et le maître qui peut abuser, et l'esclave naturellement porté à la désobéissance, et même à la révolte; car, sans cette espece de censeur, les droits du maître et de l'esclave ne peuvent guères être assurés.

Je m'arrête ici; car je n'ai ni le temps ni la volonté de parler des autres loix convenables à l'esclavage.

---

## CHAPITRE VII.

### *Du Service personnel.*

Il faut bien se garder de confondre le service personnel avec la servitude. Celui qui me sert n'est en rien mon esclave, parce qu'il conserve à mon service ce qui fait l'essence de la liberté, le desir d'avoir et d'avoir encore. J'ai le droit de lui commander, parce qu'il me l'a concédé, non à perpétuité, car il est toujours le maître de me quitter; non pas gratuitement, car je lui paye le prix convenu entre nous; non pas indéfiniment et sans réserve : par exemple, je n'ai pas le droit de lui commander un meurtre; car il est comme moi membre de la société; en s'engageant à mon service il est convenu de m'obéir seulement dans tout ce qui n'est pas contraire au pacte social qui fait notre loi commune.

---

## CHAPITRE VIII.

### *Du mot Egalité.*

IL n'y a rien d'égal dans la nature ni au physique ni au moral; je dis plus, c'est que l'ordre général est la suite & la conséquence de l'inégalité des choses & des idées; ce mot dans le sens absolu est donc vague & insignifiant. Toute égalité est relative; dans ce sens le mot *égalité* pris politiquement signifie justice; c'est une seule & même chose. Or, on voit que la liberté n'existe réellement qu'à la condition de ne pas nuire; donc la liberté suppose l'égalité relative ou la justice.

En y réfléchissant on voit que ce mot *égalité*, pris dans un sens vague & indéfini, a été & doit toujours être le mot favori, le cri de ralliement dans toutes les révolutions. On parle d'abord de liberté, mais on n'ose pas tout de suite étendre la signification de ce mot jusqu'à la licence; on va bien plus vîte avec le mot *égalité*, parceque l'idée qu'il présente flâte l'orgueil de la multitude toujours disposée à croire ce qu'elle désire : une fois cette idée reçue, si la multitude ne peut se procurer certaines choses, elle voudra les détruire; ainsi en allumant sa fougue par ce mot vague & funeste, on la porte à attaquer la liberté même & la propriété.

Un abus non moins dangereux de ce mot fatal, c'est que chacun sort de son état & se croit propre à tout; c'est ainsi qu'un histrion se fait nommer législateur, un garçon tailleur général d'armée, un bouvier juge &c.&c. tous les hommes instruits sont d'abord écartés, souvent ils sont proscrits, par cela seul qu'ils sont instruits; car c'est là une inégalité offençeante pour la multitude ignorante et jalouse; il résulte de tout cela d'abord l'anarchie, & bientôt après le plus affreux des déspotismes, celui de la multitude.

## CHAPITRE IX.

### *De la Propriété.*

PUISQUE l'homme a le désir d'avoir et qu'il peut acquérir, il faut qu'il puisse conserver. Sa jouissance doit être exclusive quant à l'objet acquis; c'est là ce qui constitue le droit de propriété.

Je distingue deux espèces de propriété, l'une réelle, qui produit des fruits, comme un bien fonds, une rente, certains meubles; l'autre idéale, qui ne produit rien directement & d'elle même; c'est la réputation ou renommée; je comprends sous ce mot tout ce qui peut flater l'amour propre des hommes.

Au premier abord, il semble que la propriété réelle est préférable à la propriété idéale; cela peut être naturel à celui qui manque de l'absolu nécessaire; hors ce seul cas l'homme préfere toujours la renommée à l'intérêt. La raison c'est que la renommée s'identifie plus intimement avec lui; l'autre propriété souvent ne vient pas de lui; elle peut d'ailleurs lui échapper; la force majeure, un incendie par exemple peut la lui enlever. La réputation ne craint pas ces évènemens; elle ne fait qu'un avec lui-même.

On a vu & l'on verra dans tous les temps, des hommes qui sacrifient leur fortune à leur orgueil; ils achetent, par le sacrifice de leurs biens réels, une renommée souvent très mince; si on les blâme quelquefois du moins on ne les méprise pas. (*a*)

S'il arrive au contraire, que pour s'enrichir, un homme sacrifie sa réputation, il est généralement blâmé & méprisé, & cela doit être; car cet homme se vend en quelque sorte lui-même en tout ou en partie; il vend sa volonté, ses plus cheres affections. Il s'échange contre une chose étrangère & sans valeur proportionnée; enfin sa faute est inexcusable, car il lui a falu forcer la nature des choses pour en venir là.

---

(*a*) On peut juger d'après cela pourquoi Rousseau a paru mépriser les richesses; pourquoi il haïssoit & dénigroit les grands; pourquoi il attaquoit toutes les autorités; pourquoi il a mis au jour des sistêmes si bizares, si dangereux. C'est qu'il étoit excessivement orgueilleux, & qu'il s'est abandonné sans réserve à ce malheureux penchant. Il a jugé qu'il ne feroit pas d'impression malgré ses talens, en écrivant d'après les principes de la seine morale; il a jugé qu'il seroit goûté en flattant l'amour propre de la multitude, en prêchant la licence sous le nom de la liberté, & toutes les passions sous le nom de vertus opposées. Il a tout sacrifié au desir & à l'espoir de la célébrité. Devoirs, affections vertus, tout en un mot jusqu'à sa propre vie.

## CHAPITRE X.

### *Que le droit de Propriété peut être limité, & comment.*

EN général, il est contre la nature des choses de limiter le droit de propriété, c'est-à-dire de fixer le *nec plus ultra* de la fortune individuelle; ce seroit anéantir indirectement la liberté sociale; mais le droit de propriété peut être limité quant à son principe et quant à son effet; c'est-à-dire que les moyens d'acquérir et la manière de jouir sont naturellement soumis à des règles.

Par exemple, on peut concevoir des spéculations en fait de propriété qui nuisent à autrui. Il est clair que dans ces cas-là, l'autorité légitime a droit d'empêcher et même de prévenir cet inconvénient : c'est par suite de ce principe que l'autorité doit empêcher le monopole.

Il y a long-temps que j'ai fait une remarque sur ce sujet, qui me paroît importante; c'est que dans beaucoup d'endroits il n'y a, pour ainsi dire, qu'un seul propriétaire. On ne sauroit calculer les inconvénients, disons mieux, les maux qui résultent de cette propriété totale, pour les autres habitans qui n'ont rien. Ce seroit assurément une loi sage, que celle qui défendroit à tout individu, quel qu'il fût, de posséder dans un même lieu, plus du quart du territoire; il y auroit donc au moins quatre propriétaires dans chaque territoire : si l'un se conduisoit mal dans l'ordre social, il est probable que ses torts seroient compensés par les bonnes qualités des autres; d'ailleurs, on auroit au moins l'espoir d'acquérir, qu'on n'a presque jamais, quand la majeure partie du sol est dans une seule main.

Ceci peut s'appliquer aussi aux grandes exploitations en culture : je ne veux pas dire pourtant qu'il faille morceller et diviser à l'infini. Tous les extrêmes ont leurs inconvénients, et peut-être même que ceux de l'extrême division surpassent ceux d'une trop grande réunion. Il faut chercher le point convenable, et c'est après avoir calculé et balancé les avantages et les inconvénients, que j'ai eu l'idée de la fixation au quart.

S'il est utile de limiter ainsi la propriété réelle, il ne l'est pas moins de limiter aussi la propriété idéale : on remarque, et cela est dans la nature des choses, que celui qui réunit plusieurs dignités ou décorations, finit par les dédaigner presque toutes; ce qui les déprécie, et souvent même les avilit; ensorte que ces dignités cessent d'exciter le desir. Si donc j'avois à dispenser les honneurs, je me garderois bien de les cumuler, de les multiplier; c'est une monnoie précieuse dont il faut conserver le titre. Voulez-vous épurer ce titre? rien n'est plus aisé, c'est de restraindre le nombre des dignités, d'imposer de nouvelles conditions pour les obtenir: moins il y aura de relâchement sur ces conditions, plus la dignité sera honorable, plus elle produira d'effet sur les aspirans.

A l'égard de la manière de jouir, les Romains, presque toujours excessifs, penseroient que le propriétaire a non-seulement le droit d'user, mais aussi celui d'abuser; c'est qu'en ceci, comme dans beaucoup d'autres cas, l'intérêt personnel dominoit l'intérêt public. Ce n'est pas jouir que d'abuser; d'ailleurs l'abus entraîne souvent la perte absolue de l'objet de jouissance. Peu importe, il est vrai, à l'état, que se soit tel ou tel qui use, qui consomme; mais ce qui importe, c'est que chaque chose aille à sa destination; que tout soit utile à la grande famille, autant qu'il peut l'être, et de la manière qu'il peut l'être.

Il n'est pas à craindre, en général, qu'un individu qui est dans son bon sens, abuse de ce qu'il a en pure perte pour lui, par exemple qu'il brûle ses moissons; mais il est possible qu'il change les destinations naturelles; comme si dans un temps de disette, il emploie ses grains à faire des boissons, des liqueurs; dans ce cas et tant d'autres que que l'on peut imaginer, la loi doit pour l'intérêt public limiter la jouissance, et même le mode de jouissance.

## CHAPITRE XI.

### *Des mots Sureté, Garantie sociale.*

LA liberté et la propriété supposent nécessairement la sûreté et la garantie sociale. Ainsi ces derniers mots n'ajoûtent rien aux mots liberté, propriété. Ce sont des accessoires qui ne méritent pas d'être exprimés.

## CHAPITRE XII.

### *De la Foi publique.*

AU lieu de ces mots vagues et peu familiers pour la multitude, inutiles pour les hommes qui connoissent dans son étendue la signification du mot propriété, je voudrois consacrer, pour ainsi dire, l'expression de foi publique; je voudrois attacher à ce mot une idée assez forte pour contenir le mal-intentionné par le seul effet des réflexions personnelles et directes. Une loi sage et sévère peut contribuer à inspirer cette idée salutaire : mais il vaut mieux encore, dans ce cas-ci, s'appuyer sur la force de l'opinion publique : car la loi ne peut prévoir et punir certains délits légers, que l'opinion seule prévient ou punit.

Au reste, il est bien évident que la loi doit prononcer des peines plus sévères contre les crimes et délits qui, outre le préjudice particulier, emportent violation de la foi publique. Car je ne crains pas de le dire, il faut faire que ce qui est sous la foi publique soit en quelque sorte plus sûr que ce qui est sous la clef. C'est sans doute d'après cette idée qu'un ancien législateur toléroit le larcin dans les lieux habités, tandis qu'il punissoit comme un sacrilège le vol fait aux champs.

## CHAPITRE XIII.

### *De la formation du Contrat Social.*

J'AI dit que l'homme ne peut à lui seul conserver sa liberté, sa propriété, parce qu'il manque ou manquera bientôt de force. Il faut donc qu'il trouve une force supérieure, pour repousser celui qui vient l'attaquer par la force. Or cette force supérieure, il ne peut l'avoir qu'en joignant à la sienne des forces étrangères, en s'unissant à d'autres hommes pour composer cette force supérieure qui, dans l'ordre naturel, doit être commune à tous, protéger également tous les associés, sans appartenir à aucun d'eux individuellement. C'est-là ce que j'appelle la force publique.

J'ai dit que l'homme libre peut faire tout ce qu'il croit avantageux pour lui, sans nuire à autrui. Cette condition suppose un fait sur lequel il faut être d'accord; savoir, que l'action est ou n'est pas nuisible. Or ce n'est pas celui qui agit, ou qui veut agir, qui peut juger sur ce fait. Souvent l'homme le plus éclairé, le plus réservé, se trompe à cet égard, par la raison que le desir aveugle. Il n'y a sur cela de différence que du plus au moins. Il faut donc trouver une autorité qui, dépouillée d'intérêt personnel, puisse accorder les dissidents; et il faut que cette autorité puisse, au besoin, employer la force. Cette autorité que l'on cherche, c'est celle de la loi.

La force et la loi, voilà les éléments du corps social. L'objet du contrat social, c'est de faire mouvoir convenablement ces deux ressorts, la force existe déjà dèsque les individus sont réunis.

La loi primitive existe aussi par le seul fait de la réunion ; car c'est évidemment pour conserver leur liberté, leur propriété, que les individus sont réunis. Il n'est donc plus question que d'adopter un mode de gouvernement, afin de donner la vie au corps politique. C'est-là véritablement le seul objet sur lequel il y ait à délibérer.

Ainsi le contrat social, considéré dans son principe, est l'acte par lequel les individus d'une contrée réunis, s'érigent en corps politique, en adoptant au même instant un mode de gouvernement dont ils déterminent les bases essentielles et fondamentales.

Considéré dans son application particulière, c'est l'acte qui lie le corps social envers chaque individu, et chaque individu envers le cotps social, pour assurer au corps social son existence, qui est la souveraineté, et à chaque individu sa liberté, sa propriété.

Du moment où ce contrat existe, l'association compose un corps politique qne l'on appelle état : l'ensemble des individus s'appelle nation ou peuple : chaque individu s'appelle sujet, ce qui veut dire seulement sujet (*a*) à la loi commune, laquelle résulte de sa volonté primitive.

---

(*a*) Quoi qu'on en puisse dire, le mot citoyen ne peut convenir aux membres d'un grand état, quelque

## CHAPITRE XIV.

### *Si le Contrat Social est par sa nature un engagement durable.*

ROUSSEAU pense que non, et cet avis a prévalu ; mais ce n'est pas moins une erreur.

Je sai que dans le commerce de la vie, deux parties qui contractent peuvent rétracter leur convention ; mais elles ne peuvent pas dire, par exemple, que c'est pour se quereller de nouveau qu'elles rompent leur premier accord. Elles ne peuvent pas convenir que la force ou le hazard les règleront sur leurs prétentions présentes et futures. Une

soit son gouvernement. Le citoyen est celui qui participe aux droits particuliers d'une Cité, ce qui suppose des priviléges effectifs ou imaginaires. Ainsi le mot contredit l'idée que l'on veut rendre. Les sujets sont égaux entre eux dans tout l'état;les citoyens ne sont égaux que relativement & seulement dans leur Cité. Hors de la Cité tout devient ordinairement différent, donc plus d'égalité. Par exemple au moment où j'écris, Paris est fourni de pain & d'autres commestibles aux dépens du trésor public : je ne dis pas que cela soit mal, mais je dis que c'est-là un droit de Cité, qui n'a pas lieu ailleurs ; qu'il est par conséquent impossible d'avoir la même idée du citoyen Parisien & du citoyen de Brie.

telle convention seroit nulle, comme contraire à la nature des choses, et comme folle.

Malgré l'extrême différence qu'il faut faire entre une convention privée et le contrat social, on peut faire ici le même raisonnement. C'est pour faire cesser les abus de la force, pour faire régner le bon ordre et la paix, que les individus s'unissent et contractent; c'est une folie de prétendre qu'ils peuvent à chaque instant revenir sur cet engagement, pour rentrer dans l'état de guere et d'anarchie.

Mais quelle sera donc la durée de ce contrat? ceux qui contractent peuvent-ils engager leurs descendans?

Il est clair encore d'après la nature des choses, que la durée ne peut être limitée; car les causes qui ont déterminé l'association existeront à perpétuité; les associés ont donc intérêt à ce que le contrat subsiste le plus long-temps possible, et plus il a déjà duré, plus ils ont d'intérêt à ne pas changer; car l'épreuve du temps assure que le contrat est précisément ce qu'il doit être.

On objecte vainement que la génération actuelle n'a pas de droit sur la génération future.

Je remarque d'abord que le mot génération

est ici indéfini, et qu'il est impossible de l'appliquer à une époque précise, dans le sens qu'on l'emploie.

Mais je suppose qu'il s'entende du père au fils, je soutiens que le père peut engager le fils; car il n'a pas besoin de son consentement pour faire son plus grand bien. Or il est évident que la paix qu'il lui assure est préférable à l'état de guerre.

C'est par suite de ce principe, que le père transmet à son fils son nom, ses droits de famille, et tous ceux qui en résultent; tels, par exemple, que les droits successifs. Mon fils est, sans qu'il soit besoin de son consentement, le neveu de mon frère, et habile à lui succéder. Il est aussi, sans qu'il soit besoin d'un consentement de sa part, sujet de l'état, et il jouira des avantages de l'association que j'ai stipulée pour moi et ma descendance. Que si, contre toute apparence, l'association, ou du moins les conditions, ne sont pas de son goût, il a la faculté de quitter la patrie et d'aller en chercher une autre; mais certainment il n'a pas le droit d'attaquer le contrat social, sous prétexte qu'il ne l'a pas consenti personnellement.

## CHAPITRE XV.

### *De la Souveraineté.*

A l'instant où les individus rassemblés s'érigent en corps politique, il est certain qu'ils composent le souverain ; car ils ne connoissent pas d'autorité supérieure à celle de la société même ; mais cette autorité suprême ne peut exister qu'autant que l'assemblée existe. Dès que les individus se séparent, il n'y a plus de volonté commune, donc plus de souverain.

Cependant il faut que le souverain existe, et qu'il agisse continuellement ; c'est l'ame du corps social ; la force et la loi ne sont rien qu'autant qu'elles sont, l'une dirigée, l'autre appliquée.

Il s'agit donc de trouver le moyen de faire agir le souverain, sans qu'il soit actuellement assemblé, et de le faire agir pour le plus grand bien de la société.

J'avoue que la souveraineté n'est pas aliénable ; car elle est au corps politique ce que la liberté est à l'individu. La nation se vendroit elle-même, elle se réduiroit à l'esclavage, en cédant expressément et sans réserve sa souveraineté.

Mais

Mais il faut bien distinguer entre la souveraineté et l'exercice de la souveraineté, et alors il est facile de résoudre la difficulté.

Plus je réfléchis et plus je suis convaincu que le souverain n'a qu'une loi à porter directement. C'est cette loi simple et primitive, qui a pour but de conserver à l'état sa souveraineté, et aux associés ou sujets, soit en corps, soit individuellement, leur liberté, leur propriété.

Je dis soit en corps, soit individuellement, parce qu'il est possible que l'état ait des intérêts opposés à ceux d'un individu : dans ce cas, il est sans difficulté que c'est l'état qui doit l'emporter sur le particulier.

Il ne s'agit donc que d'exécuter cette loi primitive, et de l'exécuter ponctuellement : cette exécution n'est pas un acte de souveraineté ; c'est l'exercice du pouvoir souverain, ou pour parler plus exactement, c'est l'exercice ou l'action de la force et de la justice du souverain.

## CHAPITRE XVI.

### *De la délégation de l'exercice de la Souveraineté.*

IL suit de là que l'état peut déléguer son autorité, pour l'exercice de la souveraineté, à un ou plusieurs des membres de l'association ; à la charge par lui, ou par eux, de se conformer strictement à la loi primitive ; c'est-à-dire de maintenir la souveraineté de l'état, et de garantir aux associés, ou sujets, leur liberté, leur propriété, sans attenter jamais ni à l'une ni à l'autre.

Je dis attenter, parce que j'entends parler d'un acte arbitraire ; car il faut que chaque associé soit toujours prêt à payer de sa personne et de ses facultés, en cas de nécessité. C'est à cette condition qu'il est libre et propriétaire : c'est cette disposition générale des individus, qui fait précisément la force publique, que le souverain met à la disposition du délégué. C'est elle qui assure les secours, que le délégué a droit d'exiger, pour les besoins de l'état.

## CHAPITRE XVII.

*Si la délégation est un simple mandat, ou si c'est un Contrat qui oblige la Nation envers le délégué.*

C'EST l'un ou l'autre selon les cas. Il y a des cas où les délégués sont institués seulement pour un temps déterminé ; cela a lieu sur-tout dans les républiques. Dans ce cas il est clair que ce n'est qu'un simple mandat.

Dans les états héréditaires c'est ordinairement un contrat ; la raison c'est que le délégué achete en quelque sorte le droit de l'être ; il donne à la nation pour prix de la délégation non seulement son temps & ses soins, mais il se donne lui-même avec tout ce qu'il a comme propriétaire. Tous ses biens réels deviennent le domaine de l'état ; il n'en peut plus rien distraire, car ils sont inaliénables ; sa propriété idéale est aussi celle de l'état ; sa gloire est la sienne. Ainsi l'état a reçu & reçoit sans cesse le prix de la concession qu'il a faite.

Si le délégué meurt sans laisser un héritier légitime, alors c'est la nation qui doit lui nommer un successeur. Le plus impérieux des rois de France a consacré solemnellement ce principe. Dans ce cas tout le patrimoine du délégué demeure à la nation.

Si le délégué cesse de respecter, de protéger efficacement la liberté, la propriété ; s'il se permet des actes injustes ou arbitraires, il attaque, il mine, & insensiblement il détruit lui-même le pacte social, & tue enfin le corps politique, parcequ'il brise tous ses ressorts. Le respect, la confiance, l'amour, voilà ce qui fonde principalement l'autorité légitime, or ces sentiments sont volontaires ; on les détruit infailliblement par la violence; d'un autre côté le délégué qui veut une chose trop difficile ou impossible, force lui même les individus à désobéir, & l'individu qui cesse une fois d'obéir est disposé pour toujours, & presque dans tous les cas à la désobéissance; il faut alors employer la contrainte, qui par sa nature même dans les cas légitimes, use le ressort politique, parce qu'elle excite la pitié dans toutes les ames, tandis que les convenances & la justice ne frappent presque personne.

La dissolution, la mort du corps politique, n'entraine pas celle des individus ; mais c'est alors que l'état tombe dans des convulsions, dans cette agonie politique, souvent pire que la mort, pour le plus grand nombre des individus. Comme tous les liens sont brisés, la liberté & la propriété ne sont plus ; c'est le plus fort ou le plus adroit qui mene tout, qui dispose de tout ; l'ambition l'intrigue produisent bientôt l'anarchie, & tous les maux qu'elle entraîne ; les violences, le pillage, le meurtre ; cet état doit durer jusqu'à ce que la nation soit assez fatiguée pour désirer, pour vouloir sincerement le retour de l'ordre. Le mal s'est opéré brusquement, il faut des années pour faire & pour assurer le bien, il est pourtant dans la nature des choses que l'anarchie cesse;alors il se fait un nouveau pacte,ou l'ancien est rétabli dans sa pureté. Quelques soins que l'on prenne ce nouvel ordre de choses vieillira et périra à son tour; c'est la triste destinée des institutions humaines.

Quel est donc le grand art du délégué? c'est d'éloigner cette époque fatale, & il ne le peut qu'en revenant à l'exécution p onctuelle de la loi qui donne la vie à l'état & à ses membres; de cette loi primitive & immuable qui assure à tous en général & à chacun en particulier leur liberté, leur propriété.

---

## CHAPITRE XVIII.

### *De la résistance à l'oppression.*

DITES aux pauvres qu'il sont opprimés par les riches; au peuple en général qu'il est opprimé par le gouvernement, par les grands, par les prêtres & les magistrats; chacun applaudira, même ceux qui n'ont personnellement aucun sujet de plainte. La raison c'est que chaque homme voit toujours avec une certaine jalousie ce qui est au-dessus de lui; il n'y a de différence que du plus au moins. Mais tous les hommes ne s'accordent pas sur la véritable signification du mot oppression, encore moins sur le prétendu droit de résistance, qui tel qu'on l'a présenté dans ces derniers temps, est le droit de se faire justice soi-même.

L'oppression suppose un acte arbitraire dont l'opprimé ne peut obtenir justice, car toutes les fois qu'il est possible de faire juger, il n'y a pas véritablement d'oppression.

Je scai qu'il est désagréable, souvent pénible & couteux de recourir au juge; qu'il peut même arriver que le juge voie & juge mal, mais ce sont là des inconvénients particuliers, qui sont indifférents sous le point de vue général, puisqu'il n'y a pas d'autre moyen d'établir et d'entretenir le bon ordre.

Il suit de là que la résistance à l'oppression ne peut avoir lieu qu'en un cas; celui d'une attaque subite & imprévue, dans un moment, dans un lieu où l'attaqué est exposé au pillage, ou à la mort s'il ne se défend pas.

Hors ce cas là il est évident que le droit de résistance, ou si l'on veut le droit de représailles, n'est autre chose que le droit de se faire justice soi même, & en dernière analyse le droit du plus fort : or, c'est précisément pour substituer la justice à la force que le contrat social est institué.

## CHAPITRE XIX.

### *De l'Insurrection.*

L'INSURRECTION est aussi, en dernière analyse, le droit du plus fort. C'est une conséquence des principes de Rousseau, cet ennemi du repos public. Là où l'insurrection n'est pas un crime d'état, il n'y a pas de contrat social.

Je l'ai déjà dit, les institutions humaines n'ont qu'un temps; mais il est naturel et l'on doit souhaiter, qu'elles périssent par des causes lentes et insensibles. L'insurrection est un moyen violent qui, sous tous les rapports, ne peut produire que de mauvais effets. Si elle coupe la tête de l'hydre, c'est pour la multiplier à l'instant. Si elle tue le tyran, elle laisse, elle consolide, elle étend, elle divise, elle aggrave la tyrannie.

## CHAPITRE XX.

### *Conclusion de ce Livre.*

PUISQUE les conditions essentielles du contrat social sont immuables, et partout les mêmes, il est assez inutile de les écrire, et même de délibérer à ce sujet. Je l'ai déjà dit : tout se réduit, au moment de la réunion, à choisir un mode de gouvernement. Nous allons voir que chaque gouvernement a son principe particulier qui fait qu'il est tel; qu'il a d'ailleurs des règles qui tiennent à sa nature : mais celles-ci peuvent être modifiées. Ainsi, par exemple, dans la monarchie, c'est un seul qui gouverne : mais le contrat social peut limiter sa puissance, ou du moins imposer des conditions dans certains cas; par exemple, pour la confection des loix, pour l'assiette et la perception des impôts, etc. Tout ceci tient à une foule de considérations, de convenances, qu'il est donné à peu d'hommes de bien saisir; delà vient qu'il n'y a pas un peuple qui ait sur ce point un code convenable et complet.

# LIVRE DEUXIÉME.

## DES DIFFÉRENTS GOUVERNEMENTS ET DE LEURS CONTRE-POIDS.

### CHAPITRE PREMIER.

*Des différents modes ou formes de Gouvernement.*

En général, on distingue trois modes de gouvernement; le républicain, le monarchique, le despotique; mais il est possible qu'un gouvernement présente la combinaison de ces divers modes sous certains rapports; alors on l'appelle gouvernement mixte.

Le gouvernement républicain est celui où les membres de l'association conservent avec la souveraineté l'exercice de cette même souveraineté; ensorte, que le peuple est à la fois souverain & sujet, législateur & exécuteur de la loi.

Si le peuple conserve cet exercice en masse, le gouvernement forme une démocratie. Si le peuple délègue l'exercice de la souveraineté à plusieurs individus, soit à temps, soit à vie, avec ou sans conditions, alors le gouvernement forme une aristocratie. Le college des individus appellés au gouvernement est ici ce qu'est le prince dans l'état monarchique, il a tous les droits du prince & tous ses devoirs à remplir.

Le gouvernement monarchique, est celui ou un seul individu choisi ou désigné par le pacte social, gouverne selon la loi primitive commune à tous les gouvernements, & selon les autres conditions particulières du pacte monarchique.

Mais, ces conditions, quelles qu'on les suppose, ne peuvent changer l'essence de la chose. Il faut toujours que le monarque soit le chef suprême de la force publique pour pouvoir défendre l'état au dehors; & le juge ou magistrat suprême pour maintenir la paix intérieure, car il doit toujours agir ou être prêt à agir dans ces deux qualités.

Le gouvernement despotique, est celui où un seul individu gouverne sans autre règle ni condition que sa volonté, ensorte qu'il est le maître absolu de tous les membres & de l'état entier. La liberté, la propriété, la vie même des individus sont dans sa main; & il peut en disposer arbitrairement par le seul effet de sa fantaisie.

Cette dernière définition est sans doute affligeante, mais les conséquences de la démocratie pure, ne sont pas moins fâcheuses pour celui qui sçait comment la multitude se décide, & comment elle agit. La fantaisie du despote peut tuer un ou plusieurs individus, mais les fougues de la démocratie peuvent plus promptement encore dépeupler toute une contrée. Heureusement pour l'humanité ces deux extrêmes, le despotisme absolu & la démocratie pure, sont rares & peut durables; l'un & l'autre de ces gouvernements sont toujours tempérés par quelqu'institution religieuse ou civile, ou par quelqu'empêchement naturel & par conséquent forcé.

Je suis bien loin malgré ces tempéraments, d'approuver sur-tout le despotisme qui répugne à la raison, & je vois avec douleur que les trois quarts du globe semblent condamnés à vivre dans cet état d'esclavage & d'avilissement. Si quelque chose peut consoler sur ce point, c'est que les hommes de ces vastes contrées, n'ont ni les besoins, ni les idées, ni par conséquent les désirs des Européens.

---

## CHAPITRE II.

### *De la Démocratie et de son contrepoi ds naturel.*

J'AI dit que les besoins des hommes, et encore plus leurs passions, les forcent à s'unir;

j'en conclus qu'il a existé dès l'origine un contrat social, plus ou moins parfait. Si les hommes étoient en petit nombre ; s'ils occupoient un petit territoire, ils ont dû adopter la démocratie ; car ce gouvernement est naturel, et convenable pour ces deux cas. Les membres de l'association peuvent, au premier signal, se réunir, et tout voir, tout juger, tout exécuter par eux-mêmes ; il ne s'agit donc que de convenir du signal, pour opérer la réunion, du lieu, du temps de l'assemblée, de l'ordre dans lequel chacun parlera ou agira, et cela en raison de l'âge, des connoissances, des propriétés.

Un tel état exige très-peu de loix. Aucun des membres ne peut nuire, sans exciter la réclamation du membre offensé ; réclamation bientôt et facilement jugée, par les co-associés, qui connoissent personnellement les dissidens, et l'objet contesté.

Dans un tel état, l'intérêt personnel de chacun des membres est un contrepoids suffisant et même infaillible, contre l'autorité générale. Aucun ne consentira volontairement à un acte arbitraire et injuste, de crainte d'être opprimé à son tour de la même manière.

On a dit et avec raison, que la vertu est le principe de ce gouvernement, c'est-à-dire cette vertu qui consiste à préférer sa patrie à soi-même, et par suite l'avantage de sa patrie au sien propre. Cela est sublime assurément, mais aussi très-rare ; et l'on peut dire impossible, si la république est étendue, et l'individu peu connu ; car s'il est dans l'ordre des choses possibles, que l'on fasse cet abandon total, c'est du moins à condition d'être une partie essentielle, ou au moins marquante, dans le tout; ce qui ne peut guères avoir lieu que dans une petite association.

---

## CHAPITRE III.

### *De l'Aristocratie et de ses contrepoids.*

Du moment où le petit nombre d'hommes régis démocratiquement dans le principe s'est accru, du moment où ils sont forcés par nécessité ou par goût d'occuper un territoire plus vaste, il devient d'abord difficile, puis enfin impossible de s'assembler dans un même lieu, de s'expliquer, de s'instruire, de juger et d'agir en commun. D'ailleurs, à mesure que la société augmente, les difficultés croissent; il faut une attention continue, non-seulement pour applanir ces difficultés, mais pour les prévenir. Ce travail continu ne peut s'accorder avec les occupations journalières et forcées des associés, je dis forcées pour tous, même pour celui qui est opulent : car, en supposant qu'il n'ait pas le desir d'augmenter son avoir, il a du moins celui de le conserver ; ce qui demande toujours des soins.

Delà la nécessité de confier l'exercice de la souveraineté à un ou plusieurs individus. Comme il est naturel pour un petit nombre d'hommes qui n'ont qu'un petit territoire d'adopter la démocratie, il est naturel aussi, quand ce régime devient impraticable, qu'ils adoptent plûtôt l'aristocratie que la monarchie, parce que l'aristocratie conserve plus d'analogie avec leur premier gouvernement. La monarchie suppose un peuple déjà formé, et même ancien et puissant.

Mais quels seront les membres choisis pour composer le collége ou sénat? Quelles règles suivra t-on dans ce choix? Leur imposera-t-on des conditions?

Moins l'état est grand, moins il a de besoins politiques; plus il est par conséquent facile à gouverner. Il suit de là qu'il faut moins de connoissances aux membres appellés au gouvernement. Alors on peut, sans beaucoup d'inconvénients, employer la voie du sort pour composer le collège, et nommer les sénateurs à temps. Le sort n'afflige pas les individus, et la courte durée de la magistrature fait espérer à chacun de parvenir à son tour: elle laisse aussi l'espoir de faire redresser plus facilement, et beaucoup plûtôt, ce qui peut être vicieux dans les actes d'administration.

Si l'état est plus étendu, si sa position exige des relations plus difficiles, plus éloignées; il est naturel alors de choisir les sénateurs, ou d'affecter cette dignité à une classe qui se consacre spécialement, et dès l'enfance, à cet emploi.

Les hommes d'état, comme les hommes privés, naissent avec des besoins et des passions qui les font errer et quelquefois prévariquer : il importe donc de choisir des hommes qui déjà soient, par leur fortune, au-dessus des besoins physiques; des hommes assez éclairés, assez maîtres d'eux, pour que l'on puisse raisonnablement espérer qu'ils sçauront maîtriser leurs passions.

C'est par suite de ces principes, que les Romains appelloient au sénat les seuls patriciens, et que les nobles seuls gouvernent à Venise.

A l'égard des conditions, il n'est pas ordinaire, ni même naturel, d'en imposer aux membres appelés au gouvernement aristocratique, soit à temps, soit à vie; et c'est-là précisément ce qui fait distinguer ce gouvernement du démocratique. Quand le peuple donne un mandat conditionnel, c'est toujours lui qui stipule, quoiqu'il ne soit pas actuellement présent; et en ce sens, le gouvernement, quoique représentatif, seroit démocratique. Quand le peuple se borne à nommer ses délégués ou représentans, sans imposer à sa nomination aucune condition; c'est alors que le gouvernement est véritablement aristocratique; mais pourtant la condition primitive du pacte social existe toujours; cette condition, commune à toutes les associations politiques, de maintenir la souveraineté de l'état, et de protéger, de défendre la liberté, la propriété de chacun de ses membres: c'est-là l'objet exprès et direct de la mission, qui n'a pas besoin d'être exprimé.

Le vice inhérent à ce gouvernement est l'oligarchie, c'est-à-dire l'usurpation de l'autorité en tout ou en grande partie, par quelques membres du collège, qui s'élèvent au-dessus des autres; mais l'oligarchie, par sa nature, n'est pas durable. Celui qui a pris des compagnons pour usurper la puissance, veut bientôt jouir seul; ainsi, en dernier résultat, l'aristocratie tend à la monarchie.

Pour prévenir ce double inconvénient, la nature indique qu'il faut diviser l'autorité, en partageant le sénat en différentes classes,

chargées

chargées chacune d'une portion d'administration, et en faisant passer les sénateurs alternativement, et pour un temps, d'une classe à l'autre. Chaque classe a ordinairement un intérêt direct, pour s'opposer aux entreprises de l'autre. Ensuite vient l'intérêt personnel de chaque individu, à ce que son collègue ne devienne pas son supérieur.

Outre le contrepoids résultant de la division des pouvoirs, et de leur exercice temporaire, il y a ordinairement dans les états aristocratiques, des aggrégations, des corporations, comme dans la monarchie, qui peuvent appuyer la réclamation de l'individu lézé.

Enfin le pacte qui, établit ce genre de gouvernement, peut ajouter encore d'autres contrepoids. Telle est, par exemple, à Venise, l'institution du conseil des dix. Telle fut à Rome, vers une certaine époque, l'institution des Tribuns ; mais le conseil des dix, malgré les abus dont il est susceptible, tend naturellement à maintenir la république, tandis qu'à la longue l'autorité tribunitienne devoit la perdre.

## CHAPITRE IV.

### *Du Gouvernement fédératif, & de ses contrepoids.*

Il y a plus de petits états que de grands ; ceci s'applique sur-tout aux républiques. Ces petits états ne sont pas assez forts pour subsister par eux-mêmes, c'est là ce qui a donné lieu à la confédération politique, ou gouvernement fédératif ; c'est-à-dire, la formation d'un état composé non pas d'individus, mais d'autres états déjà subsistants.

Cet état confédéré est une démocratie, si chacun des états réunis a dans l'assemblée générale un représentants. Il forme une aristocratie, s'il n'y a qu'une portion des états réunis qui envoyent des représentant à la confédération, ou si le nombre des députés est inégal.

Je n'entends pas dire ici, qu'il faut qu'un petit état, ait autant d'influence qu'un grand dans la confédération. Je pense même que l'usage contraire est judicieux, mais je dis que dans ce cas là d'inégalité, la confédération est aristocratique.

J'ai dit que l'objet du pacte social est de maintenir la paix extérieure et intérieure de [illegible], le pacte fédératif a le même objet ; mais il diffère du contrat social ordinaire, en ce qu'il n'a pas d'effet direct respectivement aux individus. Si le membre d'un des états confédérés est offensé au dehors, il faut qu'il s'adresse d'abord à son gouvernement, qui à son tour reclame le secours de la confédération. Si l'individu est offensé dans l'intérieur de l'état qu'il habite, ce sont les magistrats de son état particulier, qui doivent le juger; c'est la force publique de cet état qui doit le défendre, le proteger dans l'intérieur. Voilà du moins ce qui est dans la nature des choses; il faut des clauses expresses dans le pacte fédératif pour déroger à ce principe.

La Suisse, la Hollande, les Etats-Unis d'Amérique sont des républiques fédératives; mais il n'est pas nécessaire que les états qui s'unissent ayent le même gouvernement; ainsi le corps germanique est composé d'états souverains de tout genre, grands et petits et de villes libres qui sont chacune de petites républiques. Ce corps est une confédération politique gouverné par une représentation ou diéte aristocratique; cette assemblée a pour chef l'Empereur, comme le gouvernement de Venise a son Doge, mais l'un & l'autre de ces chefs n'ont à peu près que des droits honorifiques.

Le pacte fédératif est comme on voit, très-différent de la simple alliance. La diéte, le congrès ou conseil fédératif ordonne, & chaque état est tenu d'obéir, sous peine d'être contraint par la force de tous les autres états confédérés. Dans la simple alliance l'allié ne peut ordonner, il reclame seulement les secours de son allié.

La puissance du gouvernement fédératif, a pour contrepoids les intérêts opposés des divers états. C'est d'ailleurs le genre d'aristocratie le plus durable, car chacun des représentants n'a pas d'intérêt personnel. Il ne peut avoir l'idée d'usurper la puissance de la diéte, car ce n'est pas à lui que cette autorité resteroit, mais à l'état dont il est le mandataire.

Il est dans la nature des choses que les membres du gouvernement fédératif soient élus à temps. N'ayant rien à régler pour l'administration intérieure, il n'est pas nécessaire qu'ils demeureut continuellement assemblés, mais il faut qu'ils puissent l'être au besoin & qu'il existe un chef ou magistrat qui ait droit de les convoquer.

## CHAPITRE V.

### *De la Monarchie et de ses contrepoids.*

LA monarchie est à mes yeux comme un vaste et superbe temple, bâti en pierres de taille, bien cimentées. Les corporations sont ces pierres de taille; le gouvernement est la clef de la voûte; les individus, pris isolément, sont comme le ciment qui ne paroît pas dans l'ensemble, mais qui lie, qui consolide toutes les parties. Si vous abattez les colonnes de ce temple; si seulement les pierres principales sont décomposées, pulvérisées, tout l'édifice croule, et ne présente plus qu'un monceau de ruines. C'est un chaos, dans lequel tout est confondu, en telle sorte cependant, que les parties les plus saillantes sont tout-à-fait détruites, ou dénaturées, et recouvertes par les moindres débris.

Je l'ai déjà dit, le monarque est institué pour gouverner seul, mais il doit gouverner selon la loi; il faut donc qu'il existe quelqu'un qui connoisse la loi, qui puisse la rappeler, si le monarque s'en écarte. Ce quelqu'un ne peut être un simple individu, car que peut-il, à lui seul, contre celui qui dispose de la force publique ? Sans doute le monarque ne doit pas violer la liberté d'un individu, il est possible cependant que cela arrive; mais le monarque ne peut ni par lui-même, ni par ses agens, rendre nulle la liberté d'une corporation, il ne peut l'emprisonner; car c'est un être moral. Que s'il veut l'anéantir, les autres corporations menacées du même sort, sont-là pour réclamer, pour protester, pour exciter la réclamation universelle.

C'est donc bien faussement que l'on a dit que les corporations, appelées ordres, corps, et même les simples communautés, répugnent à la liberté; ce sont elles au contraire qui la maintiennent dans l'état monarchique; ce sont elles qui garantissent continuellement, avec la liberté, la propriété des individus.

Les ordres, les corporations, les aggrégations de toute espèce, ne sont pas seulement le contrepoids de l'autorité monarchique; ce sont elles qui constituent la monarchie; car il faut absolument dans ce gouvernement des distinctions, des rangs, des privilèges. C'est cette sorte de propriété idéale, qui doit surtout stimuler les membres de l'association.

C'est pour cette raison, sans doute, que

le célèbre Montesquieu a dit que l'honneur est le principe de la monarchie ; mais il a eu tort d'ajouter que la vertu, ( l'amour de la patrie ), n'est pas nécessaire. Ce mot, honneur, dans le sens qu'il l'a employé, ne dit pas assez ; sans doute il est naturel que l'homme d'état par exemple, cherche à s'illustrer ; mais il ne peut acquérir d'illustration réelle, qu'autant qu'il fait le bien général. Pour le faire, il faut d'abord qu'il en ait la volonté, et c'est cette volonté primitive qui constitue l'amour de la patrie. Le véritable honneur ne peut donc exister sans vertu : qui dit l'un, dit l'autre.

Le monarque a dans sa main la force physique, cela est vrai ; mais les corporations ont pour elles la force de l'opinion, qui tôt ou tard doit l'emporter sur l'autre. Le monarque est jeune, il vieillit, il meurt : les corporations restent sans éprouver de changements notables. Ce n'est qu'après des siécles qu'elles périssent, et leur perte entraîne inévitablement celle de la monarchie. Tant qu'elles subsistent, tant qu'elles peuvent réclamer, il faut espérer encore, quelle que soit la position des choses.

Voilà donc le contrepoids naturel de l'autorité monarchique ; mais il est possible d'en ajouter d'autres par l[illegible]cte social, et presque toutes les nations ont pris à ce sujet des précautions plus ou moins grandes. La loi primitive, concernant la liberté et la propriété, est, je le répète, commune à toutes les associations; elle n'a pas besoin d'être exprimée : c'est pour la confection des loix secondaires, pour les taxes, pour la succession au trône ou pour l'élection du monarque; c'est pour le faire remplacer, s'il est enfant ou incapable, qu'il importe surtout de prendre des sûretés à l'avance.

Les conditions que l'on peut ainsi ajouter, forment des contrepoids conventionnels, plus ou moins certains; mais, je le répète encore, il faut, quelles que soient les conditions du pacte, que le monarque soit le premier capiaine et le premier magistrat de l'état, puisque c'est-là son essence, puisqu'il ne peut sans cela remplir sa destination.

## CHAPITRE VI.

### *Des Gouvernements mixtes.*

Le gouvernement polonois est mixte, non parce que le roi est électif, car l'élection ne change rien à l'essence de la monarchie; mais il est mixte, parce qu'en général c'est un mélange de monarchie et d'aristocratie. Dans presque tous les cas le roi ne peut agir qu'avec l'attache des grands officiers de la couronne. D'ailleurs, dès que la diète est assemblée, elle reprend presque entièrement l'exercice de la souveraineté, de sorte que le roi est alors presque sans autorité : il n'est, ni président, ni même simple membre de cette assemblée.

Là le contrepoids particulier de l'autorité est le *liberum veto* que la constitution donne à chaque nonce, droit très-singulier, par lequel un seul individu a plus d'une fois entravé la liberté générale. Les autres contrepoids sont ceux de l'aristocratie, et en partie ceux de la monarchie.

J'ai entendu dire quelquefois que le gouvernement anglois est mixte : c'est une erreur. Le roi d'Angleterre est monarque dans toute la signification du mot ; car il est le premier capitaine et le premier magistrat du royaume. Il est vrai que les anglois nomment des représentants pour composer un parlement ; mais ce parlement n'a pas l'exercice de la souveraineté ; c'est une corporation chargée spécialement de veiller à la confection des loix secondaires, mais qui ne les fait pas. Il peut proposer, mais il faut que le roi accepte. Jusques-là la proposition n'est qu'un projet. Le plus beau droit de ce corps est de se concerter avec le roi pour l'assiette, la levée et l'emploi de l'impôt, ensorte que le roi ne peut rien exiger qui n'ait été accordé, et qu'il ne peut appliquer l'impôt qu'à sa destination.

Je conviens que ce corps forme à lui seul un contrepoids imposant et direct : mais il présente des dangers en raison même de son importance. Par la nature des choses, il tend incessamment à l'abolition de l'autorité royale, et je n'en juge pas d'après ce qui est arrivé sous Cromwel. Le parlement ne tarderoit pas à usurper l'autorité, s'il venoit à disposer de la force publique.

C'est ainsi, je ne puis trop le dire, que tout dégénère, et que le moyen adopté pour conserver l'institution primitive en hâte souvent la ruine.

---

## CHAPITRE VII.

### *Du Despotisme.*

J'AI dit que le despotisme existe là où un seul individu gouverne sans autre règle ni condition que sa volonté. Il s'agit de voir si cette autorité a quelque contrepoids naturel. Je dis *naturel*, car on conçoit qu'il n'en peut exister d'autre là où il n'y a pas eu originairement de convention. Il ne faut pas de contrat, pourstaer que la seule règle sera la volonté, la fanaisie du despote.

Il suit de cela seul que les sujets ou esclaves du despote n'ont, ni les mêmes idées, ni les nêmes desirs que nous. C'est le sol plûtôt que a volonté de l'homme qui les a ainsi formés; ou, pour mieux dire, c'est le sol qui produit le lespotisme même.

Dans presque toute l'Asie, et sur-tout aux Indes, les besoins sont si bornés, que l'on met peu d'importance à la propriété. La terre produit abondamment et presque sans culture, et l'homme consomme peu. Là où l'indien peut se procurer sans peine de l'ombre et de l'eau, il se ixe, sans songer le plus souvent à bâtir. Il peut presque en tout temps se passer de vêtements. La pudeur n'exige au plus qu'une légère tunique; et il a facilement, et presque sans frais, du coton pour la fabriquer.

Le besoin d'aimer est peut être le seul qui soit impérieux pour l'indien; il est même naturellement plus vif et plus fréquent que dans les climats tempérés; mais aussi ce n'est, à vrai dire, qu'un besoin et presque jamais une passion. La nature qui, sous le plus beau ciel, prodigue à l'indien toutes les choses de première nécessité, restreint ses desirs au moral, et par conséquent ses jouissances: il connoît peu les délices de l'amour. Là l'homme est despote, et la femme toujours esclave, dans l'acte le plus libre le plus intime, le plus doux de la nature.

Ce sont des causes locales qui produisent cet effet si étrange pour nous. Et d'abord il y a généralement plus de femmes que d'hommes dans ces contrées, et par conséquent plus de facilités pour l'homme. En second lieu, les femmes sont nubiles de très-bonne heure, ensorte qu'elles n'éprouvent que des sensations machinales, quand elles inspirent le desir. La fraîcheur, la beauté ne sont plus, quand le cœur et l'esprit sont formés pour la volupté. 3°. La religion et la loi, qui devroient venir au secours du sexe, ne fût-ce que par un sentiment de pitié, se réunissent au contraire pour l'accabler encore. Elles mettent en doute, si la femme est de la même nature que l'homme, si elle a une ame comme lui. 4°. Enfin la polygamie est expressément autorisée, ensorte que le sexe n'a pas même pour lui les avantages d'opinion, de préjugé.

Cet état d'abjection ; de nullité, auquel les femmes sont réduites, entretient et fortifie l'apathie naturelle des asiatiques. Le père ne peut s'intéresser beaucoup à des enfans, dont l'origine est presque toujours incertaine. La mère doit se reprocher sa fécondité, et même les tendres soins que la nature lui prescrit pour ses enfans. Si c'est un garçon, il doit être indifférent, insensible comme son père. Si c'est une fille, elle est née pour obéir, sans jamais consulter son goût; pour vivre enfin dans l'abandon et le mépris.

Il suit de tout cela que le despotisme n'est pas à craindre pour de pareils hommes; car enfin le despote quel qu'il soit, n'agit pas ordinairement sans intérêt. Il est naturel qu'il convoite les richesses, qu'il soit jaloux de son autorité; mais que peut-il envier à des hommes qui n'ont rien et qui ne desirent que le repos?

Ainsi, je le répète, le despotisme est né de l'apathie des peuples, et c'est cette même apathie qui empêche qu'il ne soit dangereux. Les princes d'Asie font tomber la tête d'un visir, d'un pacha; il est rare quils privent de la vie uu simple parriculier.

Il faudroit pour cela qu'il le connussent; mais soit par l'effet de la molesse asiatique, ou de la crainte, ce qui est plus probable, le despote ne voit rien par lui-même; il transmet son autorité au visir, qui a son tour la délègue aux pachas, aux ministres du second ordre. Quoique ces délégations soient pour l'ordinaire indéfinies, il est pourtant vrai que chaque dépositaire a intérêt de bien administrer, de bien juger : il ne doit pas chercher la fortune, de crainte d'exciter la convoitise du supérieur. Il doit même éviter les plaintes ; car, malgré que cela soit difficile et très-rare, il n'est pourtant pas impossible que l'offensé parvienne à se faire entendre, et alors c'est un combat à mort qui s'engage, dont l'issue entraîne presque toujours la perte du pacha, si la réclamation est adoptée.

Ainsi après l'apathie qui forme le premier, il faut admettre pour second contrepoids cette crainte perpétuelle des dépositaires de l'autorité. On peut compter aussi celle du despote lui-même ; il peut tout, mais il ne doit pas tout oser. Le peuple qui ne le connoît, ni ne l'aime, se porte naturellement aux derniers excès contre lui à la première occasion ; et à cet égard moins les hommes ont de besoins, plus ils sont portés à la sédition, à la révolte.

La religion, en Asie, et surtout le mahométisme, fournit encore un contrepoids ; car comme le despote s'autorise presque par-tout des dogmes religieux, même pour excuser ses excès, il est obligé d'en suivre au moins en apparence les préceptes, qui en général exigent un motif légitime dans chaque acte d'autorité. Ce n'est même que parce qu'elle suppose des motifs qu'il est utile de ne pas divulguer, que la religion de Mahomet permet au despote d'attenter à la vie d'un individu.

On prétend qu'il y a en Europe un état (le Dannemarck), où le despotisme est établi par convention. Je dis d'abord qu'il faudroit voir l'acte qui contient cette prétendue convention; j'ajoute que la nature fournit elle-même dans cet âpre climat un contrepoids au despotisme, car il faut que le prince prenne là plus de soins qu'on n'en prend ailleurs, pour défendre la liberté, la propriété, afin de compenser par-là les désavantages du sol; une conduite opposée porteroit certainement ses sujets à l'émigration.

Au reste, il existe en Dannemarck des ordres, des corporations, des distinctions & même des priviléges, comme dans toutes les monarchies, & c'en seroit assez, selon moi, pour ne pas regarder cet état comme despotique, malgré la prétendue convention. C'est l'essence des choses qu'il faut considérer & non pas le mot.

## CHAPITRE VIII.

### *Du signe de la bonté & de la convenance du Gouvernement.*

Tous les modes de gouvernement présentent avec des avantages des inconvénients; il n'est donc pas question de dire quel est le meilleur en soi. Le meilleur pour un pays est celui qui le fait prospérer ; or, l'état prospère quand sa population augmente. Aussi en général c'est l'augmentation, ou la diminution de la population, qui prouve que le gouvernement est ou n'est pas ce qu'il doit être, & qu'il convient ou ne convient pas à la nation dont il s'agit.

La population a pour principe la paix, & l'abondance, ou du moins l'aisance chez les individus. Le déficit de la population a pour cause l'extrême misère & l'extrême luxe ; le luxe est même sur ce point pire encore que la misère ; car le besoin physique peut être efficace chez le misérable ; l'homme luxueux parvient à dénaturer, à tromper le besoin lui-même, & c'est pourquoi le déficit est toujours proportionnellement plus grand dans les villes qu'à la campagne.

Quand donc une nation a prospéré longtemps, quand elle s'est toujours accrue, on peut assurer à l'avance, que toute mutation dans le gouvernement ne peut qu'être dangereuse.

## CHAPITRE IX.

## CHAPITRE IX.

### *De la décadence du Gouvernement & de sa restauration* (*a*).

JE l'ai déjà dit, tout ce qui est d'institution humaine doit périr, mais il est possible et souvent facile de reculer cette époque fatale.

La nation qui délégue l'exercice de sa souveraineté soit à un corps, soit à un individu, conserve essentiellement le droit de reclamer l'exécution du pacte social, si le prince n'en remplit pas exactement les conditions.

Ce n'est pas toujours par le fait, par un acte violent que le prince contrevient au contrat; c'est le plus souvent par négligence. Un acte injuste et arbitraire choque d'avantage l'opinion commune : mais il est facile à reparer. Au contraire les fautes qui proviennent de la négligence, ou de l'ignorance, sont presque sans remède. C'est alors sur tout, c'est lorsque les ressorts sont usés par les abus, cette rouille politique, qu'il importe de les tremper de nouveau, & de rendre par là au gouvernement sa vigueur primitive.

(*a*) On conçoit que ce chapitre & les suivants, sont sans application pour la démocratie et le despotisme.

Cette entreprise est en général au-dessus des forces du prince ; les abus enracinés deviennent à la longue plus forts que lui. Il faut alors la force nationale pour rappeller les choses et le prince lui-même à l'ordre.

Telle est la cause, et tel est l'objet des assemblées nationales ; il n'est pas question alors, ni de changer le gouvernement, ni de changer le prince, mais seulement de détruire les abus & de prévenir autant qu'il se peut leur retour. L'assemblée a pour cet effet une force suffisante, celle de l'opinion publique, et cette force est telle que le prince ne peut la dédaigner, ni la contraindre, quoiqu'il ne cesse pas d'être, même pendant l'assemblée, ce qu'il étoit avant, le premier capitaine & le premier magistrat.

La difficulté est de sçavoir dans quel temps, & de quelle manière cette assemblée aura lieu.

Si le prince est seul juge à cet égard comme en Suede, par exemple, le droit de la nation peut devenir illusoire. Un simple individu ne s'expose pas volontairement à la critique pour des actes privés, comment trouver cette résignation, ce devouement dans un prince, et pour des actes de gouvernement ?

D'un autre côté, il n'est pas possible de laisser à la multitude le droit de former une assemblée nationale à volonté : car la multitude, quelle que soit sa position, est toujours disposée à se plaindre; et n'y eût il d'autre motif que l'amour de la nouveauté, un intrigant, un fort parleur feroit faire à son gré la convocation. Ainsi la tranquillité publique seroit incessamment troublée.

Je ne vois qu'un moyen de parer à ces deux inconvénients, c'est que l'assemblée ait lieu au bout d'un temps déterminé.

Il a existé une nation qui s'assembloit après la mort du monarque pour juger sa mémoire. C'étoit une belle institution; car le véritable et même l'unique bien du monarque, c'est la bonne renommée. L'opinion publique faisoit à la fois justice du défunt, et traçoit indirectement à son successeur un plan de conduite.

Sans doute il faut que le prince ait le droit de convoquer l'assemblée, quand il le croit nécessaire; mais je voudrois qu'elle eût lieu sans convocation, au plus tard, tous les vingt cinq ans, afin que chaque homme fait eût le droit d'émettre directement ou indirectement son vœu, non pour la destruction du gouvernement, mais pour sa prospérité, pour le perfectionner, et l'approprier, si l'on peut dire ainsi, au temps et aux choses actuelles.

## CHAPITRE X.

### *Des Etats ou Ordres.*

J'AI dit qu'il est de l'essence de la monarchie qu'il y ait des corporations : mais si toutes les corporations d'un grand état envoyoient chacune un représentant, l'assemblée seroit trop nombreuse, et même impossible à tenir. D'ailleurs, l'expérience de tous les siècles apprend, non pas que trois hommes jugent aussi bien que trente, mais que trente voyent et jugent mieux que trois cents.

Il a donc fallu réunir plusieurs corporations particulières pour en faire des corporations générales que l'on appelle états ou ordres.

Dans presque tous les états catholiques on distingue trois ordres, le clergé, la noblesse, le tiers-état. En Suède le tiers en compose deux, celui des bourgeois, celui des paysans, de sorte qu'il y a là quatre ordres.

En général, plus il y a d'ordres, plus il est difficile qu'ils s'accordent, plus aussi le prince a de facilité pour les influencer. Ainsi il est à souhaiter qu'il n'y ait que trois ordres, et même deux tout simplement.

Dans le principe il n'y avoit pas d'ordres en France, ou, pour mieux dire, il n'y en avoit qu'un seul qui eût une influence politique, celui des nobles ou barons. Le clergé s'est fait admettre, parce que l'on a eu besoin de ses lumières. Long-temps après le tiers ordre fut admis, non par un sentiment de justice, mais parce que l'on voulut par-là diminuer la trop grande influence de la noblesse et du clergé.

Quoiqu'il en soit, je ne vois pas de motif plausible pour que le clergé fasse à lui seul un ordre. Si l'on considère un ecclésiastique par sa seule qualité, elle l'éloigue des affaires, et d'un autre côté, comme ecclésiastique, il n'est pas propriétaire, mais simplement usufruitier. Il ne peut donc calculer que son intérêt personnel, l'intérêt du moment, car il n'aura pas de descendants : or l'intérêt personnel n'est rien dans les assemblées ; s'il se montre, c'est pour nuire. Considéré comme un homme privé, comme propriétaire de son chef, l'ecclésiastique rentre dans la classe commune ; il doit trouver place dans le premier ou dans le second ordre, suivant sa naissance.

Il peut arriver que les deux ordres pensent différemment sur le même point ; mais le prince est là pour les accorder, et c'est peut-être ici sa plus auguste fonction. Ce parti peut avoir des inconvénients, mais ils sont bien moindres que lorsqu'il y a trois ordres. Le prince peut facilement gagner la noblesse et le clergé, et maîtriser ainsi le tiers ordre, sans avoir l'air d'agir personnellement. S'il doit décider entre deux ordres, égaux en droits, il est forcé par l'opinion publique, et par sa propre gloire à incliner pour le parti le plus convenable au bien général.

## CHAPITRE XI.

*Des Députés ou Représentants, et de leurs pouvoirs.*

IL est sensible que les députés sont de simples mandataires, qui n'ont d'autre droit que celui qui résulte de leur mandat ; ils ne sont que les simples organes de leurs commettants ; ils doivent se conformer aux conditions qui leur sont faites, aux instructions qui leur sont données.

Ici se présente une question importante : le député à qui l'on a imposé une condition, doit-il cesser ses fonctions, si la majorité des autres députés n'aggrée pas la condition ?

Il faut distinguer : si, comme cela est ordinaire, la condition du mandat est de conserver le gouvernement établi, en corrigeant les abus, la clause de conservation ne peut être éludée par le mandataire, ni révoquée par les autres députés, en quelque nombre qu'ils soient; car il est évident que l'intention des commettants n'est pas de changer de régime. S'ils avoient eu cette idée, ils l'auroient dit; ils auroient expliqué leurs vues sur un nouveau pacte, sur le choix d'un autre gouvernement.

Si, au contraire, la condition du mandat a pour objet l'intérêt personnel des mandataires, par exemple, la conservation d'un privilège; cette condition est nulle, s'il est jugé par la majorité qu'elle ne peut concourir avec l'intérêt général, car c'est-là le premier objet de l'assemblée. C'est aussi le vœu des commettants eux-mêmes; car les conditions particulières qu'ils ont imposées, sont évidemment subordonnées à la condition primitive, que la chose soit possible, sans nuite à l'intérêt public.

Ainsi par la nature des choses, le député a tout pouvoir pour concourir à la suppression des abus, pour réformer, pour améliorer, pourvu qu'il conserve le pacte social originaire. Ce pacte primitif fait sa loi, il ne peut s'en écarter, encore moins l'anéantir.

## CHAPITRE XII.

*De l'élection des Députés, et de ses principes naturels.*

IL est évident que les ordres ont le droit de nommer leurs mandataires ; car la confiance est le principe du mandat ; or la confiance suppose la liberté du choix.

La difficulté est d'accorder sur cet article les volontés particulières. Tous les assistants conviennent qu'il faut un homme probe et éclairé, un homme dont l'intérêt privé ne soit pas opposé à l'ordre général ; mais ils s'entendent difficilement sur l'individu qui réunit ces qualités.

On a osé dire que tous les hommes sont propres à cet emploi. C'est une absurdité, qu'il ne faut pas réfuter. Une triste expérience a prouvé de nos jours, qu'il n'est pas donné à tous d'avoir de la probité, des lumières, encore moins de faire le bien général, par le sacrifice de son intérêt propre, si la chose est nécessaire.

C'est pour cela que dans les temps calmes on a toujours imposé des conditions générales, afin de diriger le choix.

Puisque le gouvernement est institué pour

onserver à chacun sa liberté, sa propriété, n doit présumer que le zèle du mandataire era d'autant plus grand, qu'il aura lui-même ntérêt à défendre l'un et l'autre de ces droits acrés. Il faut donc que le député soit libre et ropriétaire, autant qu'il se peut.

Celui qui n'a pas de propriété utile a, je 'avoue, la propriété idéale que j'ai définie; nais cette propriété idéale est plus ou moins récieuse, en raison de la position, de l'état le l'individu; et en général, c'est à pro-riété utile qui détermine cette position, cet tat.

D'un autre côté, celui qui a une pro-riété utile, n'est pas en général tourmenté ar le besoin; il n'a donc que ses passions vaincre; il n'a qu'un motif pour foiblir, tandis ue l'homme dénué en a deux.

Enfin le propriétaire est en général plus ins-ruit, et c'est-là un point capital; car l'igno-ance gâte, détruit tout, sans rien prévoir t souvent même sans le vouloir. La simple aison dit encore qu'il faut préférer un homme assez âgé pour avoir de l'expérience, assez eune pour avoir de la fermeté, un père de famille plutôt qu'un célibataire.

On a employé presque dans tous les temps la voie du scrutin, pour effectuer l'élection.

C'est en effet celle qui présente le moins d'inconvéniens : elle remplit l'objet proposé, si, au premier tour, l'individu réunit la majorité absolue ; mais le contraire arrive souvent, surtout dans les grandes assemblées.

Il faut cependant finir, et c'est par cette raison, que l'on a imaginé le moyen du ballotage, pour forcer les électeurs à choisir entre les deux qui au second tour, ont en leur faveur la majorité relative.

Cet expédient contredit les principes ordinaires du mandat ; car il est évident que, ni l'un ni l'autre des deux balottés n'a la confiance du plus grand nombre, ni par consequent la confiance générale.

On sçait d'ailleurs par expérience, que le ballottage offre aux intrigans le moyen de faire élire qui il leur plaît ; sur 500 électeurs qu'il y en ait 25 seulement qui s'entendent, ils sont maîtres absolus. C'est leur volonté particulière et non la volonté générale qui dicte l'élection.

Je crois qu'il est possible et même facile de parer à cet inconvénient. Je voudrois que le second scrutin fût nul comme le premier, il serviroit seulement à faire connoître aux gens bien intentionnés qu'il y a de l'intrigue. On procéderoit au troisième scrutin, et si cette fois personne n'avoit la majorité absolue, on feroit tirer au sort non pas seulement entres les deux qui réunissent le plus de suffrages, mais entre tous ceux qui ont au delà du quart ou du tiers des voix, car l'essentiel est d'empêcher ici, que l'intrigue force les hommes bien intentionnés à choisir entre deux fripons.

# LIVRE TROISIÈME.

## DES BASES GÉNÉRALES COMMUNES A TOUS LES GOUVERNEMENTS.

## CHAPITRE PREMIER.

*De l'existence, de la conservation & de la prospérité du corps social à l'extérieur.*

ON a vu au livre Ier. que le corps politique prend naissance, par la réunion des membres épars d'une contrée et l'adoption d'un mode de gouvernement. Il reste un point essentiel à remplir : c'est de faire reconnoître l'indépendance, & la souveraineté du nouvel état par les puissances voisines, ou éloignés qui pourroient avoir intérêt à s'y opposer. Si ce premier point est concédé de gré ou de force, il s'agit de conserver cette heureuse position. Enfin il faut travailler à la prospérité du nouvel état, par exemple en étendant ses relations, son commerce.

Sous ces différents rapports le nouvel état doit être à l'égard des autres états, ce qu'est dans l'intérieur un individu à l'égard d'un autre. C'est-à-dire qu'il ne doit pas attenter, ni à leur liberté ni à leur propriété; mais aussi il ne doit pas souffrir qu'un état voisin commette à son égard le même attentat. Enfin il est dans la nature que les états s'entraident, qu'ils se secourent comme les simples particuliers, toutes les fois qu'ils le peuvent sans compromettre leurs intérêts.

Pour remplir ces différents objets le gouvernement a deux moyens; celui de la reclamation d'après les principes généraux ou les traités, et quand les explications restent sans effet, il a l'action de la force publique.

## CHAPITRE II.

### *Du Droit des Gens.*

Les règles qui fixent les droits et les devoirs des états souverains entr'eux, composent ce qu'on appelle le droit des gens ou des nations. Toutes ces règles ont pour base les principes immuables de la liberté, de la propriété, qui sont de tous les temps, de tous les lieux.

Ainsi ces conquérans fameux qui ont porté la guerre au loin, & souvent chez des peuples qu'il ne connoissoient pas auparavant, sans autre motif, que celui de conquérir, ont violé le droit des gens.

C'est là une violation générale, mais on peut imaginer une infinité de violations particulières ; ainsi tous les maux, que peut causer une armée en corps, ou individuellement par ses soldats, quand cela n'est pas de nécessité absolue pour l'attaque ou la défense, sont autant de violations. C'est d'après ce principe que dans les armées bien disciplinées, on punit sévèrement les vols privés si petits qu'ils soient, et les actes de violence privée, qui précedent ou qui suivent le combat.

Je dis violence privée, parce qu'il est sensible que tout ce qui se fait en combattant ne peut être imputé à crime. Il est absolument nécessaire d'agir alors avec cette rigueur; ce seroit une lâcheté & même un crime d'user de ménagements ; ce seroit trahir sa patrie & soi-même.

Mais l'action finie, tout rentre dans les principes ordinaires ; et c'est par cette raison que tous les peuples policés ne tuent pas le vaincu. Ils ne le font pas non plus esclave : chacun fait des prisonniers, pour les échanger ensuite, ou pour diminuer d'autant la force opposée.

Il faut encore conclure de tout ceci que la représaille est rarement légitime ; ce n'est pas en faisant du tort à l'ennemi que l'on répare celui qu'il a fait. Quand donc la représaille n'est 'aucune utilité à celui qui se la permet; il faut ire que c'est une violation du droit des gens; il aut dire le contraire si elle est utile, si par xemple elle diminue la force opposée; si elle ;êne l'ennemi; si elle peut l'amener à une omposition raisonnable.

## CHAPITRE III.

*Des Traités et Alliances.*

INDÉPENDAMMENT des deux règles génerales, de la liberté de la propriété, il existe ordinairement, sur-tout entre les nations voisines des traités particuliers. Ils ne peuvent pas être opposés à ces deux règles primitives; mais ils peuvent les modifier ou les étendre pour certains lieux, certains cas &c.; ces traités ressemblent d'états à états aux obligations que les particuliers contractent entr'eux. Ils composent ce qu'on appelle le droit politique conventionnel, qui au reste doit toujours s'expliquer dans les cas douteux ou importants par le droit des gens.

## CHAPITRE IV.

### *De la Force publique, de sa composition et de s direction.*

J'AI dit que la force publique est composé de toutes les forces individuelles, et qu'ain chaque membre de l'état doit toujours être pré à marcher, à combattre pour le salut commu Cela est vrai en thèse générale; mais il es vr aussi que l'état en corps a intérêt de ménage tous ses membres; d'où il suit qu'il ne do pas les enlever tous à leurs travaux ordinaires quand il suffit d'une partie pour composer l force publique.

D'ailleurs il faut que celui qui combat vive et comment satisfaire à ce besoin sans cesse re naissant, si tous lesmembres vont combattre

Mais quels sont ceux des citoyens, qui do vent rester ou partir? la nature l'indique. L père de famille doit rester par préférence; 1° il ne vit pas pour lui seul, il vit aussi pou ses enfans qui bientôt seront à la dispositio de l'état. 2°. Il est en général plus âgé et pa conséquent moins propre qu'un garçon au fatigues de la guerre: 3°. Enfin n'eût-il pa servi on peut dire qu'il a payé sa dette, ca tandis qu'il étoit garçon il a toujours été à l dispositio sposition de l'état, qui l'eût employé si l'oc-sion se fut présentée.

Si l'état n'a besoin que d'une partie des rçons, il n'est pas douteux qu'il a droit de oisir ceux qui conviennent le mieux, par ır force, leur adresse ou leur intelligence; ais il faudroit pour faire ce choix employer s agens; c'est ouvrir une porte à l'arbitraire; est donc plus simple de prendre la voie du rt.

Le sort a pourtant aussi ses inconvénients : peut conduire au combat l'homme qui a le oins de gout et d'aptitude pour cet état; ;st ce qui a fait pratiquer la voye de l'en-llement. Le soldat qui s'engage au service mplit mieux ordinairement l'objet auquel il t appellé.

Rousseau prétend, que ces soldats payés ont oins de zèle qu'un individu, qui combat pour liberté et sa propriété. Cela est vrai en gé-:ral (*a*); mais c'est moins le zèle que l'action

(*a*) Je dis en général, parce qu'il existe dans troupes beaucoup d'étrangers. A l'égard des sol-ts nés sujets de l'état, pourquoi donc manqueroient-de zèle? Ce sont des gueux qui n'ont rien, dit-il : est-là une injure et à la fois un mensonge; s'ils n'ont is de propriété réelle, n'ont-ils donc pas le desir : se faire estimer, de se distinguer par la bravoure du soldat qu'il faut considérer, et sous ce point de vue un soldat de profession continuellement exercé, l'emporte de beaucoup sur le citadin, qui n'a que du zèle. Il sçait obéir, obéir à propos et dans le sens ordonné; c'est là l'essentiel.

La force publique ainsi composée, il s'agit de la diriger, de la faire mouvoir ; le principe à cet égard c'est que le soldat, (*a*) dans quelque grade qu'il soit, doit obéir à l'instant et sans réfléchir, ni sur le motif de l'ordre, ni sur la difficulté ou le danger de l'exécution. C'est cette obéissance ponctuelle qui fait la force d'une armée.

Dans la démocratie c'est un citoyen élu à temps, et ordinairement pour une seule affaire qui dirige le mouvement. Dans l'aristocratie c'est le sénat, qui doit diriger non pas directement, mais par un général. Dans la monarchie cette direction appartient directement, au Prince ou au général qu'il choisit.

Il est dans la nature des choses, que le

---

et les autres vertus? C'est-là cette propriété idéale, plus chère à tous les hommes que la propriété réelle.

(*a*) Je comprends sous ce nom aussi bien l'officier que le soldat, proprement dit; tous ne sont-ils pas à la *solde* de l'état ?ils doivent tous obéir dans le même sens, et d'après le même principe.

général ait tout pouvoir pour l'objet qui lui est confié. Si on lui fait des conditions, il est à craindre qu'elles ne fassent manquer l'occasion. Le prince le plus habile, ne peut de son cabinet juger ce qu'il convient faire d'un instant à l'autre. Ici la perte du temps est presque toujours irréparable.

---

## CHAPITRE V.

### *De la Guerre.*

LA guerre est un combat qui s'engage d'état à état, ou d'un état contre plusieurs états, ou enfin de plusieurs états contre plusieurs états. C'est une crise violente dangereuse et dommageable même pour l'état, qui est comparativement le plus fort; je le répète c'est un moyen extrême, qu'il ne faut employer qu'après avoir épuisé tous les autres.

Lors donc que l'état a été offensé directement, ou dans l'un de ses membres, le gouvernement doit d'abord reclamer auprès de l'état, qui a commis l'offense directement ou par le fait de ses sujets. Si même pendant la guerre il est possible de négocier, et d'obtenir satisfaction sans continuer le combat, le gouvernement est obligé de saisir cette ouverture: car tous ses vœux, tous ses soins doivent tendre à la paix, puisque c'est l'état naturel des choses.

On distingue la guerre offensive et la guerre deffensive, il est sans difficulté que le prince (ou le sénat dans l'aristocratie) est autorisé à défendre; car c'est pour cela même qu'il est institué, mais peut-il engager une guerre offensive ?

A cet égard il faut sçavoir d'abord quel est l'aggresseur. La guerre commence par des hostilités; mais l'aggression peut commencer par un acte injuste ou même par un simple refus. Ainsi par exemple, tel état refuse à tel autre les honneurs, le salut convenu expressément, ou bien assuré par l'usage; il est sûr que ce refus peut-être le motif d'une guerre, car il attaque la gloire de l'état, et c'est sa plus précieuse propriété, d'après les principes établis au premier livre.

Si donc l'état insulté par ce refus déclare la guerre; s'il commence les hostilités, on ne doit pas regarder cette guerre comme offensive, c'est évidemment une représaille, une guerre défensive.

La guerre offensive est celle qui commence sans motifs légitimes, et l'histoire de tous les peuples en fournit malheureusement trop d'exemples. Ainsi Rome conspira contre Carthage, qu'elle annéantit dans la suite sans motifs légitimes ; car la jalousie et la haîne ne sont pas des motifs légitimes.

On demande s'il est des cas où le gouvernement peut engager une guerre offensive ?

On peut dire pour l'affirmative qu'il peut tout, ce qui doit tourner au plus grand bien de l'état et de ses membres. S'il aggrandit l'état, il en augmentera la force et souvent aussi la richesse.

Malgré cela il faut décider d'après la loi primitive, que le gouvernement n'a pas le droit d'entreprendre une guerre offensive quelles que soient ses vues d'aggrandissements et ses ressources. 1°. Très souvent ce n'est pas un bien pour l'état d'en aggrandir le territoire. Il est au contraire à présumer que l'aggrandissement sera nuisible, quand l'état a déjà une certaine étendue. Il peut d'ailleurs y avoir de nouveaux motifs resultants de la nature, et de la situation du terrein que l'on veut réunir, du génie, des mœurs des habitans &c. ; 2°. le projet de s'aggrandir sans motifs légitimes par la conquête, autrement dit par le droit du plus fort, est contraire au droit de la nature, qui reclame sans cesse contre la force. 3°. Par cette entreprise le gouvernement expose évidemment l'état dont il n'est que le mandataire, et non le maître. L'expérience de tous les siècles atteste, que ce n'est pas toujours celui qui a le plus de bras et de richesses, qui réussit à la guerre; au contraire la victoire préfére presque toujours le courage, qui rarement va de pair avec les moyens auxilliaires, tels que la richesse, l'abondance des munitions &c.

## CHAPIRE VI.

### *Du Droit de Conquête.*

LE but de la guerre, c'est la victoire, et le but de la victoire est de faire la loi. Ici nous rentrons dans le cercle primitif : celui qui peut faire la loi doit être juste et prudent, s'il veut jouir, s'il veut conserver.

L'état vainqueur tue l'état vaincu, s'il parvient à s'emparer de son territoire. Les membres de l'état envahi vivent encore, mais ils sont sans lien commun : leur pacte social est détruit par le fait ; c'est le droit des gens qui doit régler leur sort.

En effet, dès que la victoire est déclarée, le droit du plus fort cesse, le vainqueur n'a plus droit sur la vie du vaincu. Ce droit de tuer ne peut plus avoir lieu que dans le cas, où après la victoire, le vaincu conspire encore et tente de se soustraire, par la force ou par la ruse, à la domination. Hors ce cas, le vainqueur qui tue le vaincu est un assassin.

S'il ne doit pas ôter la vie, il ne doit pas non plus ôter la liberté, ni même la propriété ; car le vaincu réduit à l'esclavage ou dépouillé, reste dans l'état de guerre avec le vainqueur. Quel est donc le parti à prendre ? Celui de laisser aux membres isolés de l'état détruit, la permission de faire un nouveau pacte, ou celui de les réunir à l'état vainqueur.

Le premier parti est un acte de bienfaisance, et nul n'est strictement obligé à donner. D'ailleurs, le prince dans la monarchie, (le sénat dans l'aristocratie), n'a pas ce droit, car donner c'est aliéner. Enfin cela peut entraîner des inconvénients. Le parti de la réunion à l'état vainqueur est donc le plus naturel. Le prince et le sénat ont pour cela tout pouvoir ; c'est dans ce cas que l'on peut dire de l'un comme de l'autre, qu'il fait le bien de l'état en l'aggrandissant.

Au reste, le droit de conquête a plusieurs autres principes particuliers ; par exemple, pour décider si le peuple réuni conservera ses loix, ses usages : cette question et beaucoup d'autres n'entrent pas dans mon plan.

## CHAPITRE VII.

*Si, pour avoir la Paix, le Gouvernement peut démembrer le territoire, et en céder une partie.*

CETTE question ne peut avoir lieu, ni dans la démocratie, ni dans le despotisme. Dans la démocratie, le peuple peut tout ce qu'il lui plaît : il en est de même du despote qui confond tous les pouvoirs.

En thèse générale, le prince, (non plus que le sénat), ne peut rien sacrifier, rien abandonner, parce que la liberté, la propriété de l'état en corps, et celle des membres en particulier ne sont pas à sa disposition.

Mais on demande si le prince (ou le sénat), peut faire un échange. On dit pour l'affirmative que cet acte peut être avantageux. Toutefois il faut décider pour la négative : la raison est que l'échange n'a pas pour objet seulement le territoire, mais aussi les habitants de ce territoire. Or, le prince ne peut à l'égard de ces habitants, et sans leur consentement exprès, rompre le pacte social. L'état, lui-même, fût-il là présent, ne peut se dégager sans le consentement de ses associés, de l'engagement qu'il a pris avec eux dans le principe.

On peut supposer un cas ou pour sauver majeure partie de l'état, il faut abandonner iutre : il vaut mieux, dit-on, ôter un membre i malade que de le laisser mourir. La comaraison est ici sans application ; le malade st maître de ses membres, le prince ne l'est as, du moins il ne l'est pas comme propriéire des diverses parties de l'état, il est dans e cas-ci sans pouvoir, et par conséquent sans roit. Si pourtant le cas est absolument urent, il fait bien de souscrire à tout. Ce alté forcé ne peut lier l'état ; au lieu de cienter la paix, il établit la perpétuité de la uerre. Celle qui aura lieu pour l'anéantir, ne ra, à vrai dire, que défensive, puisque son bjet sera le retour au droit primitif.

Mais quoique le prince ne puisse aliéner, émembrer l'état, il a constamment le droit e régler le mode et l'étendue de la satisction qu'il réclame ; il peut stipuler des conitions, des indemnités, échanger des priınniers, des vaisseaux, des munitions, en n mot, il peut tout ce qui n'est pas aliénaon proprement dite.

Il suit de là que le gouvernement a grand tort lorsqu'il attaque directement ou indirectement, par une loi, les bases naturelles de la morale ; il arrive presque toujours que cette loi s'exécute mal, ou qu'elle ne s'exécute pas du tout. Par cela même le gouvernement perd la confiance du peuple, et dans cet état un évènement peut tout changer, tout bouleverser, et détruire le gouvernement lui-même.

Je reviendrai sur cet objet essentiel, qui forme la plus importante partie de cet essai.

## CHAPITRE X.

### *Du Pouvoir de la Loi.*

J'ENTENDS ici par le mot loi, non-seulement la loi primitive qui est toute faite, et qui ne peut jamais changer, mais encore les lois secondaires, qui n'en sont que la conséquence et l'application.

Toutes ces loix secondaires sont, à vrai dire, le complément de la morale : celle-ci règle le for intérieur, la loi règle le for extérieur ; c'est-à-dire qu'elle détermine tout ce qui est bien ou mal, d'abord relativement à l'ordre général, ensuite relativement aux individus.

La morale et la loi ont le même but, mais rs moyens sont différents : la persuasion le moyen de la morale ; l'autorité est le yen de la loi.

## CHAPITRE XI.

*la Formation ou Confection des Loix secondaires.*

L résulte clairement du chapitre précédent e le gouvernement est appellé par la nature s choses, à concourir à la confection des secondaires ; car c'est le gouvernement i est dans le cas de juger de leur utilité, leur nécessité selon les circonstances.

Dans la démocratie, où le peuple en corps nserve l'exercice de la souveraineté, il est air que c'est à lui seul qu'il appartient de orter la loi.

Dans l'aristocratie, où le gouvernement est nfié à un certain corps, à un sénat, par cemple ; il est naturel que ce corps ait part la formation de la loi, et même qu'il y ait plus grande part, soit qu'il propose la loi corps social, soit qu'il ait droit de vérifier, e sanctionner ce que le corps social a arrêté. u premier cas, qui est préférable sous tous s rapports, le sénat dispose et présente la i toute rédigée ; l'état en corps, juge si elle est utile ou non : au second cas le sénat propose à l'état les inconvénients sur la loi projettée ou présentée, et l'état revient sur ce qu'il a arrêté, s'il le croit à propos.

Dans la monarchie, le prince est à lui seul plus que le sénat dans l'aristocratie, car son pouvoir n'a pour limites que la loi primitive, et les conditions imposées pour la confection des loix secondaires. Il est sensible que ces loix secondaires tiennent bien plus à l'exercice de la souveraineté qu'à la souveraineté même ; le droit de porter ces loix secondaires appartient donc au prince, d'après la nature des choses.

Mais on ne peut se dissimuler que le prince est un homme sujet, et souvent plus qu'un autre, à l'erreur et aux passions ; il est donc naturel d'instituer des formes pour remédier à cet inconvénient inévitable. Tous les états ont fait cette réflexion ; chacun y a pourvu plus ou moins exactement : c'est en ceci principalement que les monarchies diffèrent entr'elles.

Au reste, il faut bien observer que ce mot loi, doit s'entendre seulement d'un statut qui ordonne ou défend une chose nouvelle, et cela dans l'acception générale, c'est-à-dire pour tous les individus qui sont dans le cas prévu, sans acception d'aucun d'eux : c'est le caractère qui distingue la loi des décisions ou jugements particuliers.

Enfin il faut observer que la loi lie le prince en tant que membre de l'état, comme les autres membres ; et qu'il est contre la nature des choses et même contre la bonne politique, que le prince se mette à cet égard dans une classe séparée.

## CHAPITRE XII.

### *Division des Loix.*

POUR bien juger d'une loi il faut savoir à quel ordre de choses elle se rapporte, et dans quel esprit elle a été portée ; car il est possible qu'au premier coup d'œil une loi très-sage paroisse injuste ; ainsi par exemple, la loi qui autorise le gouvernement à disposer, pour l'utilité publique, de la propriété d'un individu, en l'indemnisant, est très-juste dans le rapport général, parce que, comme je l'ai dit, l'intérêt privé doit toujours céder à l'intérêt public.

Il y a deux classes principales auxquelles toutes les loix se rapportent, le droit public et le droit privé, que plusieurs appellent simplement droit civil, sans réfléchir que ce mot convient autant au droit public qu'au droit privé.

Le droit public est composé des différentes loix, qui règlent l'état des personnes et des choses, eu égard à l'ordre et à l'avantage commun. Ainsi, par exemple, les loix relatives à la morale publique, à l'administration générale, ce qui comprend la police, la punition des crimes, sont autant de parties du droit public. Les loix qui assurent l'exécution des obligations, des conventions particuliéres, composent le droit privé ou civil, si l'on veut; je le répète, toutes ces loix dérivent des deux loix primitives de la liberté et de la propriété, et c'est par elles qu'il faut les expliquer, s'il y a des doutes.

---

## CHAPITRE XIII.

### *Des Délits et des Peines, et particulièrement de la peine de Mort.*

CE n'est pas assez de prescrire, de défendre, il faut infliger une peine à celui qui refuse d'obéir : c'est-là véritablement ce qui constitue la loi. S'il n'y a pas de peine, elle peut être éludée

éludée, c'est un simple conseil, une invitation que l'on peut dédaigner.

Il est bien sensible que la peine doit toujours être proportionnée au delit ; c'est aller évidemment contre la loi primitive, d'infliger une peine grave pour un délit léger.

Mais ce n'est pas assez de proportionner, de graduer les peines, il faut, si je puis parler ainsi, punir plutôt l'intention que le fait. L'expérience fondée sur la nature des choses, et sur la définition que j'ai donnée de la propriété, prouve qu'en général l'homme craint beaucoup plus la dégradation et l'avilissement que la perte de sa fortune, et souvent même plus que la mort. Il faut donc, surtout dans les monarchies, appliquer les peines qui atteignent la renommée, au plus grand nombre des délits. Là le blâme, et simplement l'admonition, doivent naturelement faire plus d'effet que la bastonnade, la prison, la marque ou la mutilation dans le gouvernement despotique.

Pourtant il faut en certains cas s'écarter de cette considération générale; car il y a partout des êtres tellement vicieux, que l'honneur n'est rien pour eux. D'ailleurs il est des crimes si atroces et si dangereux par leurs conséquences, qu'ils ne peuvent être expiés que par la mort du coupable. Tel, par exemple, l'assassinat prémédité. L'assassin n'engage pas seulement un combat corps à corps; il attaque du même coup l'état entier, qui est le garant de la liberté, de la propriété de l'individu attaqué; il trahit à la fois son compatriote et sa patrie; il se met en guerre ouverte avec elle. La peine de mort est la juste représaille de cette attaque forcenée. D'ailleurs il importe d'agir avec cette sévérité, afin d'inspirer la crainte du même sort à ceux qui ne peuvent être retenus par leur propre conscience.

---

## CHAPITRE XIV.

### *De l'Opinion publique et du Préjugé en général.*

L'OPINION publique est la concordance et la réunion des opinions privées sur un point quelconque. Il n'est pas absolument nécessaire, pour la former, qu'il y ait unanimité dans les opinions privées; mais plus il y a d'unanimité, plus l'opinion publique a de force.

L'opinion publique est le véritable sceau de la loi dans tous les gouvernements; car si la loi choque une opinion reçue et raisonnable; c'est presque toujours en vain qu'elle est portée; l'opinion reste et la loi s'oublie.

L'opinion publique détermine et entraîne ordinairement avec elle le préjugé : mais il peut exister seul et indépendamment de l'opinion publique ; et cela a lieu sur-tout dans les préjugés relatifs à certains individus, à certaines classes, à certains cantons.

Le législateur doit en général s'élever au-dessus de ces préjugés particuliers, mais il doit toujours consulter et respecter l'opinion publique.

C'est par suite de ce principe, qu'un gouvernement sage s'attache bien plus à convaincre qu'à prescrire, soit en disposant à l'avance l'opinion, soit en exposant les justes motifs qui nécessitent le réglement qu'il va porter, ou l'opération qu'il commande.

## CHAPITRE XV.

### *Des Tributs en général.*

TOUT ce qui se meut use et consomme ; ainsi tous les gouvernements sont forcés de dépenser. Il n'y a de différence que du plus au moins. Il faut donc qu'il existe un moyen de subvenir à cette dépense inévitable.

Ce moyen n'est pas le même partout, même en Europe : mais généralement on a pris le parti d'exiger de chaque membre de l'état la portion qu'il doit supporter dans cette dépense commune. Voilà l'origine de l'impôt.

Il est dans la nature des choses, que l'impôt soit modique dans la démocratie et dans le despotisme. La raison est que, dans ces deux gouvernements extrêmes, chacun des membres est continuellement à la disposition de l'état, lui avec tout ce qu'il possède. C'est-là, en effet, la conséquence du dévouement absolu dans la démocratie, et de l'autorité sans limites dans le despotisme.

Par une suite de ce principe, l'impôt doit être proportionnellement moins fort dans l'aristocratie que dans la monarchie; et dans la monarchie l'impôt doit être proportionnellement plus fort là où le prince est moins absolu; là où la liberté et la propriété sont plus respectées.

L'impôt n'a pas toujours été nécessaire; il étoit inutile dans la vigueur du régime féodal. Alors les domaines du prince suffisoient à ses dépenses personnelles et à la splendeur du trône. En cas de guerre, le prince convoquoit ses vassaux qui venoient à sa défense eux et leurs hommes, qu'ils défrayoient. Alors tous les nobles remplissoient véritablement leur vocation. Ils combattoient; et ils combattoient sans exiger un salaire journalier. Le desir de se signaler suffisoit pour les conduire. D'ailleurs la fidélité et l'obéissance des vassaux étoient garanties dans tous les degrés, par les peines établies contre le crime de félonie, par la dégradation personnelle et la confiscation, connue dans ces temps-là sous le nom de commise.

Les choses ont changé à cet égard; et malgré les inconvénients de l'impôt et la grande autorité qui en résulte pour le gouvernement, il est certain que ce régime est préférable à la convocation du ban et de l'arrière-ban et aux autres usages de ces temps reculés.

Comme ce changement s'est opéré lentement, il en reste encore des vestiges dans la plûpart des états de l'Europe, et ces vestiges sont des abus. C'est ainsi, par exemple, que la noblesse est parvenue jusques à nos jours à se maintenir dans le privilége de ne pas payer les principales taxes. Quand les nobles étoient obligés de payer de leurs personnes et de leurs biens, il eût été injuste d'exiger qu'ils payassent encore des taxes. Mais depuis que le noble est payé comme le soldat roturier, il est injuste et même absurde qu'il se prétende exempt des taxes.

Dans ce cas-ci les nobles ont très-mal calculé; car ce sont les exemptions, les priviléges pécuniaires, qui ont avili et perdu la noblesse dans l'esprit du peuple. Tous les riches roturiers ont voulu devenir nobles pour jouir des priviléges, pour être plus riches encore; et c'est ce desir méprisable qui a donné l'idée de vendre et d'acheter la noblesse; ensorte que l'intérêt a éclipsé l'honneur, et que le mot *noble*, qui doit porter l'idée d'un brave, dévoué sans réserve au service de la patrie, présente depuis long-temps celle d'un homme riche, et très-souvent d'un homme impérieux et cupide, qui s'autorise de sa noblesse pour commettre des injustices.

Pour revenir à l'état actuel des choses, il est bien évident que l'impôt est légitime, quand il est dans une juste proportion avec les besoins. Tout ce que le gouvernement perçoit au-delà attaque plus ou moins la propriété individuelle. C'est une contravention à la loi primitive.

Il suit delà que l'impôt, c'est-à-dire, la somme de l'impôt et le mode de perception doivent être établis par une loi précédée, accompagnée ou suivie des formalités usitées dans l'état pour les loix secondaires.

Je reviendrai sur cette matière en parlant des finances, et je donnerai les principes de détail sur l'assiette de l'impôt.

# LIVRE QUATRIÈME.

## PRINCIPES ET CONSÉQUENCES DU POUVOIR MORAL.

## CHAPITRE PREMIER.

### *Des Mœurs.*

J'APPELLE mœurs cette disposition habituelle des hommes pour faire le bien et éviter le mal, pour s'entraider, se secourir, pour préférer les choses honnêtes à celles qui ne le sont pas, et dans les choses honnêtes, celles qui le sont davantage à celles qui le sont moins.

Voilà en effet les sources de la justice, de la bienfaisance, des égards, de la politesse, ect.

Ces mots, faire le bien, supposent une action. Celui qui fait l'aumône, par exemple, fait du bien, ou du moins il veut ordinairement faire du bien; mais ce n'est pas là ce qu'il faut entendre en politique, par ces mots faire le bien; ils supposent pour premier devoir l'obligation pour chaque individu de s'occuper, autant qu'il est en lui, au bien commun, et ce devoir l'individu le remplit, et ne peut le remplir que par le travail.

Ainsi l'amour du travail, est comme la base de l'ordre moral, joignez-y le respect, la soumission pour les autorités naturelles et conventionnelles, vous avez tout ce qui constitue l'ordre ou pouvoir moral.

J'appelle autorités naturelles, l'autorité paternelle, l'autorité maritale, l'autorité des maîtres, celle des hommes plus instruits, plus éprouvés sur ceux qui le sont moins, et même celle des préjugés, quand ils sont fondés sur des conjectures raisonnables.

J'appelle autorités conventionnelles celle de la loi, celle des usages qui sont la conséquence de la loi, ou qui y suppléent, celle des chefs ou supérieurs civils et militaires, en un mot, toute espèce d'autorité instituée légalement par le fait des hommes.

Ce respect, cette soumission pour les autorités naturelles et conventionnelles, supposent nécessairement du jugement, et le jugement des connoissances ; de là la necessité de l'instruction, de la religion ; ect. Mais avant de passer à ces objets, il faut parler du travail et de ce qui y a rapport.

# CHAPITRE II.

## *Du Travail.*

LE corps de l'homme, comme toutes les machines montées, tend au repos ; mais l'aiguillon du desir agit continuellement sur cette machine et la fait mouvoir comme un poids ou un ressort fait mouvoir une pendule.

Comme une pendule non montée ou arrêtée s'use plus que si elle alloit, de même le corps souffre et s'use davantage par l'oisiveté que par un travail modéré ; voilà pour le physique ; mais au moral la paresse est réellement la source de tous les vices, est l'on peut dire sous les deux rapports, que l'oisiveté tue beaucoup plus d'hommes que l'excès du travail.

Il suit de là que l'homme déjà excité par le desir, doit encore à sa conservation, à sa santé, de travailler dans quelque état qu'il soit né. Enfin il y est obligé par le pacte social ; car c'est une des conditions naturelles de ce contrat, et qui n'a pas besoin d'être exprimée. C'est le travail de tous qui produit l'ordre, l'aisance, et si l'on peut dire ainsi, le bonheur général. L'oisif vole à la société le temps qu'il passe à rien faire, et presque toujours son oisiveté entraîne celle d'un autre individu ou de plusieurs ; il est rare, en effet, de trou ver un paresseux qui ait le bon sens de reste dans un coin seul et les bras croisés.

On conçoit que ce mot travail ne veu pas dire que chaque individu doit être tou jours en mouvement ; je parle d'un trava modéré : il est d'ailleurs assez évident qu l'homme d'état qui médite, travaille autan et même plus utilement dans le rapport po litique, que l'artisan qui sue dans son attelier.

---

## CHAPITRE III.

### *De la Richesse.*

PRESQUE tous les hommes font des vœu pour être riches, parce qu'ils imaginent qu la richesse procure la félicité ; mais le mo richesse est vague, comme celui de bonheur Il s'appliqne aux biens imaginaires comm aux biens réels ; il est sans terme connu pou les individus, c'est-à-dire qu'il comprend tou ce qu'un homme peut desirer.

Il suit de là qu'un homme peut être riche comparativement à un autre homme ; mais il n'est pas riche absolument parlant, puis qu'il peut exister un homme plus riche que lui.

,e mot richesse en politique, ne peut guère pliquer qu'aux associations politiques ou s. Un état est riche quand son territoire it à ses besoins ; c'est à-dire quand le sol duit directement les choses de première essité : je dis directement, parce qu'il est sible de suppléer au produit direct, par échanges ou par le commerce, mais le duit direct est toujours à préférer dans tous cas possibles. L'état est très-riche quand sol produit au-delà des besoins, et qu'a- ce superflu il peut acquérir de nouvelles issances,

e dois observer ici que je parle de l'état ion pas du gouvernement ; car l'état peut riche, tandis que le gouvernement est vre ; la raison est que la richesse de l'état it à la nature du sol, tandis que la richesse gouvernement dépend presque toujours la volonté ambulatoire des hommes. Je dis s, je crois que la richesse de l'état est jusqu'à certain point, incompatible avec la richesse la bonté du gouvernement ; qu'elle ne sert 'à relâcher sans cesse son ressort. Quand l'état pauvre, il faut nécessairement que le gouvernement ait plus de prévoyance et d'énergie ; il peut pas faire de fautes graves, par ce il n'a pas là de ressources pour les réparer.

On peut, d'après cette idée, expliquer pou quoi, en France, le gouvernement a toujo été si obéré, si géné, si foible; pourquoi ce ric et puissant état, qui a presque toujours eu loix sages, les a si mal observées. Bien plu l'on peut prédire qu'il en sera toujours même à peu près, quelle que soit la forme son gouvernement.

---

## CHAPITRE IV.

### *De l'Opulence.*

L'HOMME opulent est celui qui possé plus de biens réels, qu'il ne lui en faut rais nablement pour ses besoins et pour ses pl sirs.

Je dis raisonnablement, parce que l'op lence est relative à l'âge, à l'état des indi dus, et aux circonstances dans lesquelles se trouvent placés. Selon ces divers rappor ce qui fait l'opulence d'un individu pourr être insuffisant pour donner l'aisance à autre.

Si l'opulence offre quelques avantages, e entraîne beaucoup plus d'inconvénients. Il n' pas impossible qu'un homme opulent s sage, mais cela est rare; ce sage-là d ttter perpétuellement contre lui-même, et ontre ceux qui l'environnent, toujours dis-osés, par ce que c'est leur intérêt, à flatter es inclinations. Il faut qu'il évite tous les iéges dont il est environné, pour aller cher-her loin de lui-même, et souvent dans l'obs-urité, l'occasion de faire une bonne œuvre. e sage-là, s'il existe, est à la vérité très-ecommandable.

L'homme opulent qui peut satisfaire, et qui tisfait tous ses goûts, toutes ses fantaisies, oit par perdre le goût lui même; il éprouve lors que les maux produits par la satiété, sont s plus insupportables; car l'espoir du mieux doucit toujours les maux qui résultent de la rivation.

L'opulence produit naturellement la paresse l'ignorance; l'ignorance qui dégrade homme jusqu'à ce point, qu'elle lui ôte resqu'entièrement la volonté et le desir.

Il faut le concours de plusieurs circonstances eureuses, pour que le fils d'un homme opu-ent soit instruit et propre aux affaires. Le ère est rarement capable de lui choisir un naître, moins capable encore de suivre son éducation, et de le préserver des flatteurs et lu premier coup de feu des passions.

## CHAPITRE V.

### *De l'Aisance.*

J'APPELLE aisance ou médiocrité l'état d'u homme qui a à peu près, soit par une fortun acquise, soit par son travail, de quoi satisfair raisonnablement à ses besoins et à ses plaisir.

On conçoit que l'aisance est relative ains que l'opulence.

C'est l'état qui convient à l'homme sage le trop nuit comme nous venons de le voir Celui qui n'a pas le nécessaire, ne vit pas pour ainsi dire, puisqu'il ne peut pas fair usage de toutes ses facultés.

Cet état mitoyen est surtout celui qui convient à l'étude, et l'homme instruit est celu qui jouit le mieux de la vie : je ne dis pa qui ait le plus de jouissances ; mais il joui des choses comme on doit en jouir, et autant qu'on peut en jouir.

Cet état a aussi ses inconvénients particuliers ; l'homme instruit est porté à comparer, à juger, et il arrive de deux choses l'une, ou qu'il convoite ardemment les biens réels ou imaginaires, ou bien qu'il les dédaigne, et dans ce dernier cas, il est très-ordinaire qu'il méprise les hommes de la classe opulente et périeure; il n'est pas même très-rare de voir haine accompagner le mépris.

C'est pour cela que les gens de lettres, les avants ou ceux qui prétendent l'être, comme s théologiens, les avocats, les médecins et ême les simples pédagogues sont en général hautains, si peu sociables. Il en faut dire tant des peintres, architectes, musiciens et tres artistes supérieurs. Tous ces hommes ui font à peine la millième partie de l'asso-ation, ne voyent qu'eux, ne pensent qu'à ıx, et veulent que tout se rapporte à leurs ées.

Ceci peut expliquer bien des faits qui ont lieu depuis quelques années.

## CHAPITRE VI.

### *De la Pauvreté.*

C'EST l'état d'un homme qui n'a pas de ıoi satisfaire raisonnablement à ses besoins.

Cet état est relatif comme l'opulence et ıisance.

Sous tous les rapports c'est un malheur pour ndividu, car celui qui souffre peut par le seul fet de la peine actuelle qu'il éprouve, se porter des actes déraisonnables et injustes, et c'est nsi que l'extrême pauvreté déprave les mœurs.

La pauvreté des individus est aussi un malhe
pour l'état, et l'une des conditions naturell
du pacte social est de l'empecher autant q
possible.

Le travail est en général le moyen qu'il fa
employer. Pour que l'homme s'y livre sa
réserve, et sans dégoût, il faut qu'il soit ass
productif pour le faire vivre. Il est donc inuti
de faire une loi expresse, pour ordonner q
chacun travaille ; mais le gouvernement pe
et doit disposer les choses, pour qu'il exis
un juste rapport entre le salaire des différent
classes et leurs besoins. D'un autre côté il pe
fortifier indirectement la mauvaise opinio
que l'on a généralement d'un homme pares
seux ou dissipateur.

Quand ce sont des infirmités qni réduiser
l'homme à la pauvreté, c'est à l'état à y pourvoi
c'est encore une des conditions naturelles d
pacte.

Il en faut dire autant des enfants abandonnés

Il y pourvoit directement par les hopitaux
ou indirectement en tolérant la mendicité.

## CHAPITRE VII.

### *De la Mendicité.*

DANS tous les siècles on a demandé s'il es
possible de supprimer la mendicité. Elle subsiste

ste encore malgré les tentatives qu'on a faites elle subsistera toujours ; la raison c'est que tat, quelque riche qu'il soit ne peut fonder ez d'hospices pour recevoir et entretenir is les pauvres. La chose fût-elle même pos-le, ne devroit pas être pratiquée, parce que établissements deviendroient sur le champ refuge de tous les fainéants dont ils augmen-oient le nombre.

L'action de mendier est contre nature, c'est-lire, que le mendiant éprouve toujours de répugnance à mendier ; c'est dans cette ré-gnance naturelle, qu'il faut chercher le remède ntre la mendicité; ce remède n'existe plus où les pauvres sont assemblés en grand mbre, et où ils n'ont pas à craindre de re-oches ni l'humiliation d'un refus. Ajoutez e le pauvre, assuré d'exister dans l'hospice, fait pas d'efforts pour en sortir, tandis que icertitude, dans laquelle vit le mendiant, les miliations qu'il éprouve le pressent inces-nment de quitter cet état.

Puisqu'il n'est pas possible d'extirper la men-cité, il faut du moins empêcher qu'elle n'ait s suites fâcheuses, en favorisant la fainéantise la débauche. Pour cela je vois un moyen pres-e sûr, c'est que la loi défende à toute individu, us des peines graves, de mendier hors du lieu où il est né, ou bien hors du lieu où il a fai depuis longtemps sa résidence habituelle. J voudrois encore que personne ne pût mendie même dans sa commune, sans une autorisatio expresse de l'officier de police, motivée sur l'âge l'infirmité ou l'incapacité du mendiant. Je vou drois enfin que cette permission fût donnée temps, renouvellée à des époques, refusée o même retirée, si le mendiant devenoit propr au travail, ou si quelqu'un du lieu vouloit s charger de le nourrir.

---

## CHAPITRE VIII.

### *De l'Éducation.*

L'ÉDUCATION est comme la semence d la morale. Son but est de développer les facultés de l'individu, de former son jugement pour qu'il puisse se conduire de lui même dan les occasions ordinaires, et sentir la nécessit de prendre conseil dans les circonstances difficiles.

Il suit de là qu'il faut apprendre à l'enfant quel qu'il soit, les premiers principes de la morale; car la morale est de tous les états, de tous les âges.

L'usage actuel est d'apprendre aux enfants à

lire, à écrire, à compter : c'est en général un bien ; mais ce n'est pas une nécessité pour le plus grand nombre, sur-tout dans les campagnes ; souvent même c'est un mal, que l'homme appellé, par exemple, à l'état de manouvrier sache lire. Rarement il est à portée de juger de ce qu'il lit ; il veut cependant avoir une opinion, il se trompe, et son erreur est ordinairement partagée par ses égaux, qui préfèrent d'errer avec leur semblable plûtôt que de s'éclairer avec l'homme d'un état supérieur. Cela tient à l'orgueil humain qui est le même, ou qui du moins produit le même effet dans toutes les classes.

A l'égard des enfants destinés à un métier ou au commerce, il est utile et souvent nécessaire qu'ils sachent lire, écrire et compter. Il n'est pas à craindre qu'ils abusent de ces connoissances, ils en ont rarement le loisir ; d'ailleurs, leur état les fixe ordinairement dans les villes, où il existe des hommes instruits, toujours prêts à redresser les erreurs de cette classe, ne fût-ce que par un sentiment de jalousie.

Il n'est pas nécessaire, et il est souvent dangereux d'apprendre les langues et les hautes sciences aux enfants destinés au commerce de détail ou à un métier ; car ces sciences n'ont aucun rapport aux détails et à la routine qui font la base de ces professions : au contraire, le goût des hautes sciences est incompatible avec l'esprit mercantile. Les sciences élèvent, aggrandissent les facultés de l'homme ; l'esprit mercantile les rétrécit et les fixe vers un seul objet l'intérêt, et souvent vers un intérêt très-petit.

Il est utile, au contraire, et même il est nécessaire de donner des connoissances plus étendues à l'enfant destiné aux emplois supérieurs de la société, à ces emplois qui supposent dans l'individu la faculté de juger et d'agir dans les occasions difficiles, non-seulement pour lui-même, mais pour ses concitoyens. Ainsi, par exemple, les hommes d'état, les ministres de la morale, les magistrats ne peuvent jamais être trop instruits.

L'usage actuel est de montrer aux enfants nés dans l'aisance une infinité de choses dans le même temps. Tel peut compter jusqu'à dix et douze maîtres pour les langues diverses, l'histoire, la géographie, le dessein, la musique, la danse, l'escrime, etc. L'effet naturel de cet enseignement compliqué, c'est que l'écolier n'apprend rien de tout cela, pas même les principes élémentaires; ou si l'ennui plus que le goût le fixe à un objet, c'est de celui là seul qu'il s'occupe, et alors il est dans l'ordre qu'il préfère l'agréable à l'utile. Son maître de graces lui apprendra, je le veux, à se tenir, à se pré senter, mais l'écolier n'est toujours qu'un mannequin sans vie. Il faut du sens, du jugement; et c'est-là justement ce qu'il n'a pu apprendre avec cette quantité de maîtres divers.

Un autre usage non moins fâcheux, c'est que l'on refuse au maître l'autorité qu'il doit avoir sur son disciple. Il suffit, dit on, de parler raison aux enfants; c'est une absurdité, car c'est supposer d'abord qu'ils l'entendent, puis qu'ils veulent s'y conformer; disons mieux, c'est supposer que l'écolier est plus intelligent et plus sage qu'un homme fait. Sans doute il faut parler raison aux enfants; mais quand ce moyen est insuffisant, il faut les châtier, non pas comme à la ville, en leur donnant moins de bonbons, en contrariant leurs petites fantaisies; car cette manière est plus dangereuse qu'utile; mais par une punition réelle appliquée à propos, c'est-à-dire, autant qu'il se peut, au moment où la faute est découverte. Il vaut mieux que la punition soit sévère et courte, que d'être douce mais plus longue; car dans ce dernier cas on ménage le corps aux dépens de l'esprit. Tout ce qui traîne sent le despotisme d'un côté, l'asservissement de l'autre, et ces impressions sont toujours fâcheuses autant pour le maître que pour le disciple.

Les abus que je viens de relever ont lieu surtout dans les éducations privées. L'éducation publique a aussi ses inconvénients; mais les avantages qu'elle présente, sur-tout sous le rapport politique, exigent impérieusement que le gouvernement institue et qu'il entretienne des écoles publiques. C'est encore là une des conditions naturelles du pacte social, sur tout dans un grand état.

En parlant de l'instruction en général, on a dit récemment avec vérité, c'est le besoin de tous; mais ce n'est pas assez dire; ce besoin dure toute la vie; il augmente même à mesure que l'homme avance en âge, que ses passions sont plus vives et plus multipliées; il faut, au moral, que l'homme apprenne toujours, qu'il apprenne même à mourir.

Il est clair cependant qu'il ne peut passer sa vie entière à l'étude et à la contemplation. Il a plus de loisir, plus de facilités dans l'enfance; mais cet intervalle est court; il suffit à peine pour prendre des notions générales, pour disposer l'esprit à juger. Bientôt le besoin et les passions prennent toutes les facultés de l'homme fait, et souvent elles l'aveuglent. Il faut donc imaginer un moyen de l'éclairer, de le guider continuellement, non par une morale morte, qu'il n'a ni le temps ni la volonté de méditer, mais par une morale vivante qui aille, pour ainsi dire, au devant de lui, qui offre d'elle-même des conseils, des consolations, et même, s'il se peut, des secours temporels. C'est-là ce qui, chez tous les peuples et dans tous les gouvernements, a fait adopter une religion.

## CHAPITRE IX.

*De la Religion.*

LA religion est donc instituée pour fournir d'elle-même à l'homme de tout âge ces conseils, ces consolations, ces secours dont il a besoin presque tous les jours. Ainsi, sous le rapport politique, la religion est la morale mise en action pour l'avantage commun.

Mais il faut considérer la religion sous un rapport plus sublime encore. Je le dis, parce que je le crois fermement, l'homme est né religieux. Un sentiment naturel et quelquefois involontaire le porte à admirer les merveilles de Dieu. C'est par-là qu'il s'assure de l'existence nécessaire de cet être suprême ; c'est-là ce qui fonde le dogme consolateur de l'immortalité de l'ame ; c'est-là ce qui porte l'homme, cet être imparfait, à imiter autant qu'il le peut la justice la bienfaisance, la miséricorde du grand être ; c'est-là enfin ce qui imprime dans le cœur du scélérat ces remords cuisants qui le troublent, qui l'assiègent sans cesse, ensorte qu'il n'est plus ce qu'il étoit, qu'il n'a plus que des jouissances factices, et qu'il n'existe que machinalement.

Ainsi la religion, déjà nécessaire sous le rapport général et politique, est nécessaire encore pour procurer à chaque individu cette satisfaction intérieure, cette tranquillité d'ame qui seule peut rendre la vie agréable. La religion fortifie, maintient, développe, applique les grandes maximes que je viens de présenter; elle rappelle incessamment l'homme à sa nature, c'est-à-dire, à ce sentiment inné de justice et de bienfaisance qui doit diriger sa raison, et par contrecoup ses desirs, ses actions.

Pour que la religion existe, ou, pour mieux dire, pour qu'elle soit en activité, il faut, 1°. qu'il y ait des ministres; car ce sont eux qui doivent donner le mouvement et la vie à l'institution. 2°. Il faut un culte public, parce que c'est le moyen d'inspirer au gros du peuple, qui ne raisonne pas ordinairement, l'amour, ou si l'on veut, l'habitude de la religion, et d'entretenir les ministres dans l'activité, et les autres vertus propres à leur état. 3°. Il importe qu'il n'y ait qu'une religion; car dès qu'il y en a plusieurs également approuvées, il n'y eu a plus du tout. Les cultes et les dogmes divers s'entre-détruisent à la fin, et jusques-là il est dans l

ture des choses, qu'ils occasionnent des trou-
es intérieurs.

Les philosophes modernes prétendent qu'il
iste une religion naturelle, gravée dans le
eur de l'homme; celle là, disent-ils, n'exige
temple, ni culte, ni ministre, ni cérémo-
es; ce sont là des mots et rien de plus; car
ssertion est absolument fausse d'après l'état
nature. Je viens de le dire, l'homme aime
turellement la justice; mais il n'est pas tou-
urs en état de juger par lui-même de ce qui
t juste. Il ne peut à lui seul connoître tous
principes de la morale, encore moins les
atiquer sans conseils, sans exhortations, sans
cours. Donc cette religion naturelle est une
imère; il vaudroit autant dire que l'homme
a pas besoin détudier, et qu'il sçait tout,
rce qu'il a en lui le germe des sciences.

Mais le gouvernement a t-il droit de changer
religion qui est établie? peut-il, pour éviter
mbarras du choix, n'en adopter aucune?

Il semble d'abord bien évident, d'après les
incipes que j'ai posés, que le gouvernement
peut regarder la religion comme une chose
differente, et n'en n'adopter aucune; car on
oit qu'il n'y a pas véritablement de morale,
où il n'y a pas de religion, donc point de
ouvoir moral, ce premier ressort du gou-
ernement.

Le gouvernement n'a pas non plus le droit changer la religion établie; car il est évident q cela tient à l'opinion, à la volonté général dont il n'est pas le maître. Son droit se réd sur ce point à surveiller les ministres qui professent. 1°. Pour qu'ils s'acquittent exac ment de leur mission, et qu'ils joignent auta qu'il se peut, l'exemple au précepte. 2°. Po qu'ils n'enseignent rien, qui puisse nuire à l' téret de l'état ou à celui des particuliers.

On demande si le gouvernement peut pe mettre l'exercice d'une autre religion.

Cette question tient au fait et au dro si la religion établie est exclusive de toute aut alors il est clair que le gouvernement ne p donner la permission; car par ce fait il détr roit la religion même. Si cette exclusi n'existe pas dans les principes de la religi établie, la permission peut-être accordée; m pourtant il ne faut pas perdre de vue ce que dis plus haut; que les cultes divers s'ent détruisent, et qu'en les multipliant on accél encore cette destruction, qui doit à la long entraîner la corruption totale de la morale.

## CHAPITRE X.

### *De la Tolérance.*

ꞁ ne faut pourtant pas conclure de ce que viens de dire, que j'adopte en politique les ximes ultramontaines. Je tiens au contraire ur certain, qu'il ne faut ni inquisition, ni :une contrainte en fait de religion. Quand dis qu'il faut que la religion soit une, j'en-ıds qu'il n'y en ait qu'une reconnue et prouvée légalement pour tout l'empire; 'il faut interdire tout culte public aux sectes isées ou opposées; ou si le gouvernement permet dans certains cas particuliers, qui ıt comme forcés, il faut que ce soit sous surveillance du magistrat de police, et après tre assuré par les plus grandes précautions 'il n'en peut rien résulter de facheux pour rdre public. D'après cela il est clair que acun reste maître de sa foi, et c'est là tout qu'il faut entendre par le mot tolérance.

## CHAPITRE XI.

### *Dos Vœux en général.*

) N a décidé dans les derniers temps que tous s vœux sont contre nature, c'est je crois ute de bien s'entendre.

J'appelle vœu la promesse solemnelle de v
selon telle institution approuvée par la loi.

J'ai dit ailleurs, et cela est vrai, que l'hom
ne peut pas aliéner sa liberté; mais il peu
modifier, la diriger vers un objet qui lui pa
plus avantageux. C'est alors qu'il fait l'écha
d'une chose indéfinie et incertaine contre
objet certain et qui lui paroît préférable,
qu'il présente un intérêt réel, soit qu'il ass
un bien purement idéal. Le droit d'agir ainsi
même la conséquence et le plein exercice d
liberté. L'homme n'est libre qu'autant qu'il p
échanger ce qui est en sa puissance con
ce qui n'y est pas.

Il suit de là que le contrat social lui-m
renferme un vœu, ou pour mieux dire, le
de tous les citoyens. Tous ont préféré d'alie
une partie de leur force individuelle pour co
poser la force publique; tous ont préféré d'a
donner une portion de leur propriété pour l'
pôt, afin de jouir tranquillement du reste.

Il en faut dire autant du contrat de maria
et même de tous les engagements des hom
Je dis qu'ils peuvent contracter même pou
vie, par cela seul qu'ils le veulent, pourvu q
contractant ils ne nuisent pas à autrui, c'e
dire, qu'ils ne nuisent, ni à l'intérêt public,
l'intérêt des particuliers.

## CHAPITRE XII.

### *Du Célibat.*

E célibataire, dont je veux parler, est celui ui pouvant se marier, ne le fait pas. C'est n être nuisible, par cela seul qu'il n'est pas ile; mais il devient dangereux, si, ce qui rive souvent, c'est le libertinage qui lui fait arder cet état: dans ce dernier cas, le célibataire est une peste pour la société.

La loi ne peut cependant pas défendre directement le célibat; car elle ne peut pas ire qu'un individu veuille ce qu'il ne veut as: or le mariage ne peut avoir lieu que ar l'effet d'une volonté libre. Ce n'est donc ue par des moyens indirects, que l'on peut nener les hommes à remplir leur destination arurelle. Les peuples anciens ont porté à e sujet des loix infiniment sages; ils déféoient les honneurs, et dans certains cas ils onnoient des récompenses aux hommes mariés, tandis qu'ils imposoient des privations t même des peines pécuniaires aux célibaaires. Pourquoi ne feroit-on pas de même njourd'hui? pourquoi ne feroit-on pas tourner à la décharge des pères de famille, peu isés, l'excédent de taxe qui seroit imposée ux célibataires?

Au reste, on conçoit que ces réflexions ne peuvent s'appliquer aux personnes du sexe car une fille n'est pas maîtresse de se marier ; le célibat qu'elle garde n'entraîne pas d'ailleurs les mêmes dangers.

## CHAPITRE XIII.

### *Des Femmes.*

Je voudrois être homme : voilà ce que disent et ce que pensent effectivement beaucoup de femmes. C'est que les mœurs sont corrompues ; c'est que les femmes ne connoissent plus la sublimité de leur vocation.

La nature a fait l'homme plus fort, parce qu'elle l'a destiné aux plus rudes travaux : il fait la loi, parce qu'elle est généralement relative aux actes extérieurs et ostensibles, qui sont de son département. La femme est plus foible, ses organes sont plus délicats ; mais ils sont aussi plus achevés, plus parfaits, pour parler par comparaison : elle fait bien plus que la loi, ou du moins elle est appellée à faire bien plus ; car c'est elle qui doit, pour ainsi dire, donner l'existence à la morale, qui doit la conserver, la propager, la mettre en pratique ; la morale dont la loi n'est que le supɔlément, et sans laquelle la loi est presque ujours impuissante.

Malheureusement pour les deux sexes, les emmes ne sont pas toujours ce qu'elles devroient être. Ce sont les gardiennes des mœurs, qui contribuent davantage à les corrompre : celà est naturel ; car dès qu'une femme se relâche sur la morale, elle n'a plus de frein. La loi, qui règle les actions des hommes, est muette ou impuissante contre les femmes, excepté le cas des grands crimes. Ce sont d'abord les villes qui donnent le ton, et bientôt il passe dans les campagnes.

Je crois voir la cause assurée de ce renversement, de cette démoralisation funeste ; c'est que les femmes sont généralement plus riches en biens réels qu'elles ne devroient l'être.

Sans doute les principes sacrés de la liberté et de la propriété s'appliquent à elles comme aux hommes ; mais avec cette différence cependant, que la femme a besoin plus que l'homme de cette propriété, que j'appelle idéale pour la distinguer, c'est-à-dire de la renommée. Je soutiens que la propriété réelle nuit presque toujours aux femmes, loin de leur être utile.

Voulez-vous rappeller les femmes à leur état

naturel? faites qu'elles ayent, au lieu d'u fortune brillante, des mœurs pures et éclairé des vertus solides, des talens utiles : aboliss l'usage honteux d'acheter un mari, moyenna une dot; que la plus sage, la plus méritar obtienne toujours la préférence; vous fer bien plus sûrement le bonheur des deux épou et celui de leur descendance.

Ce n'est pas assez d'abolir l'usage de dote je voudrois, comme cela s'est observé da quelques provinces, que la fille mariée ne p revenir à la succession de ses père et mère elle auroit un douaire convenable assuré inaliénable, pour subsister en cas de veuvag

Je voudrois même que la fille non marie venant à succéder, n'eût que l'usufruit de portion héréditaire, dont la propriété sero assurée et conservée pour son fils, si elle s marioit dans la suite, ou à défaut d'enfant mâle pour ses frères ou neveux; j'étendrois mêm cette disposition à la fille unique, que l'o appelloit héritière dans quelques provinces.

Ne criez pas à l'injustice, vous qui vou dites apôtres de l'égalité. Si la loi est géné rale, il n'y aura plus de comparaison à faire et par conséquent point de prétexte de plaint D'ailleurs, je ne mets pas d'obstacle à la jouis sance, comme vous le voyez; enfin je pui

ajoute

ou peut-être c'est ici le cas de dire que l'intérêt de l'individu, et même du sexe entier, doit céder au bonheur commun des deux sexes. Ce ... ce même semble évident, pour un homme sans préjugé, qu'avec cette disposition, les femmes elles-mêmes seront mieux partagées et plus heureuses, qu'avec de la fortune.

## CHAPITRE XIV.

### *Du Mariage.*

Après le pacte social, qui tient le premier rang, le mariage est le contrat le plus respectable, le plus inviolable. Ce n'est pas seulement un engagement civil, c'est un vœu; mais ce vœu, loin de contrarier la nature, remplit sa destination; loin de nuire, il doit être utile à tous, aux époux, à leurs descendants et au corps social lui-même.

La foi conjugale paroît une chimère au libertin : c'est une vertu forcée pour l'homme sage; il pense qu'il n'est pas possible d'aimer deux fois, ou du moins qu'il n'est pas possible de partager l'amour véritable. Ce sentiment est exclusif et indépendant des évènements : il est plus moral que physique; et c'est-là ce qui le rend durable; c'est aussi ce qui fait

qu'un homme sensé préfère les qualités est-
mables aux agréments à la beauté, la ver
à la richesse. Son vœu prononcé, ce n'est pl
le seul besoin qui l'anime; son premier, sc
plus grand desir est de faire le bonheur
sa compagne; l'assurance de la réciproci
double sa jouissance; l'estime, l'approbatic
publiques épurent le sentiment physique. I
jouissance elle-même et la paternité fixent enf
sans retour les plus tendres affections. L'amoi
besoin doit cesser, l'amour moral doit dur
entre les époux jusqu'au dernier soupir.

Le contrat de mariage par sa nature, renferme quatre intérêts principaux, bien distinct
L'intérêt personnel du mari, l'intérêt persor
nel de la femme, l'intérêt de leurs descendants
enfin l'intérêt de la société politique.

L'intérêt des descendants est bien sensible
car si les enfants légitimes ont des avantages su
les bâtards, il est clair que les enfants ont intérêt de naître légitimes.

L'intérêt de l'état en corps est bien plu
important; car ce n'est que la population qu
peut le conserver; et il faut qu'en se conser-
vant, l'état conserve aussi les bonnes mœurs
Or c'est le mariage seulement qui peut rempli
ce double objet.

## CHAPITRE XV.

### *Du Divorce.*

D'APRÈS ces principes, je crois pouvoir dire que le divorce est anti-social. En effet un engagement quel qu'il soit, ne peut être dissout que du consentement de tous les intéressés. Si l'un des époux veut divorcer, il faut donc qu'il rapporte trois consentements ou au moins deux s'il n'y a pas d'enfans nés, ou près à naître; or, de ces consentements ; il en est un qu'il est comme impossible de se procurer, c'est celui du corps social, qui lui même fût-il assemblé, a le plus grand intérêt de le refuser; parceque c'est porter atteinte aux mœurs que de l'accorder ; c'est sacrifier l'ordre public à un intérêt particulier ; c'est choquer le principe fondamental, qui veut que l'intérêt particulier cède toujours à l'intérêt général.

On a prétendu qu'il y a des cas, où l'état lui-méme a intérêt au divorce, comme celui d'impuissance, celui où des époux d'humeur antipathique vivent dans une lutte perpétuelle, et scandaleuse.

Je réponds d'abord, que la supposition ne peut généralement s'appliquer qu'au très-petit nombre ; et partant du grand principe, ce n'est pas un mal particulier, qui peut faire adopter une mesure générale.

J'ajoute que la loi peut prévoir et jusqu'à un certain point empêcher ces malheurs particuliers : ceci demande explication.

Les dissentions conjugales ont plusieurs causes; une des principales, c'est la fortune des femmes, j'ai déjà indiqué le remède.

Une autre cause principale, c'est la disproportion d'âge dans les époux; il est facile de faire à ce sujet, une loi prise dans la nature qui garantisse à la fois les deux extrêmités; la vieillesse qui croit suppléer à la capacité par la fortune et les honneurs, et la jeunesse plus répréhensible, qui ne veut accorder que des complaisances extérieures pour fixer la fortune.

Un homme peut avoir sans inconvénient 15 et 18 ans plus que sa femme; il est même dans l'ordre qu'il soit le plus âgé, sur-tout quand la femme est très jeune, parce que ce n'est qu'à un âge fait qu'il peut avoir un état, et suffire par lui-même aux besoins du ménage. Si c'est au contraire la femme qui est plus âgée, il est rare qu'il ne s'ensuive pas de grands inconvénients, sur-tout si la disproportion est grande.

Je reviens maintenant aux motifs présentés pour autoriser le divorce.

Le plus grave est celui des voies de fait, des violences de la part du mari; dans ce cas là, j'avoue qu'il faut assurer la vie et la tranquilité de la femme, (et c'est là l'effet de la séparation de corps;) mais cet intérêt particulier de la femme ne peut faire perdre de vue, anéantir ni l'intérêt des enfants, ni l'intérêt public; donc il ne peut autoriser le divorce. J'ajoute que cet état violent peut cesser, et qu'alors il est, dans l'ordre naturel, que le mari et la femme se réunissent; le divorce empêche au moins indirectement cette réunion par les formalités qu'il exige.

Reste donc le cas d'impuissance; à cet égard on s'écrie que le mariage lie un mort avec un vivant.

Mais ce raisonnement porte à faux; car dans ce cas là, qui est très-rare, il n'existe pas de mariage. Il s'agit donc uniquement de déterminer les signes certains de l'impuissance.

Je me rappelle qu'un empereur romain, avoit statué qu'après trois ans de célébration, les époux, qui n'avoient pas d'enfants pouvoient (c'étoit comme on voit faculté, et non devoir) se séparer, comme s'il n'y avoit pas eu de mariage, sans encourir aucun reproche d'immoralité. Peut-être cette idée rectifiée pourroit-elle donner lieu à une loi sage.

Au reste ceux qui se creusent l'imagination, pour indiquer des causes de divorce, perdent leur temps. S'il faut absolument le tolérer dans certains climats pour éviter de plus grands maux, (et ce fut sans doute la position du législateur des hébreux) la saine politique exige, que l'on ne détermine rien sur les cas; car il vaut mieux encore laisser agir le caprice, que de faire naître les causes que l'on croit assez graves, par des crimes et des abominations.

## CHAPITRE XVI.

### *Des Empêchements au Mariage.*

Le divorce suppose comme on voit la dissolution du mariage. Les empêchements sont des motifs pris dans la nature, ou dans la disposition de la loi conventionnelle, qui s'opposent à ce qu'il ait lieu.

Ainsi par exemple dans le cas d'impuissance, il ne peut y avoir de mariage, quand même les deux parties le voudroient, parce que la fin de la nature ne peut être remplie.

Ainsi tout mariage, contraire aux bonnes mœurs et à l'honnêteté publique, est réprouvé par la nature, et c'est la source des empêchements dirimants de première classe.

Le mariage d'une personne, déjà engagée par un premier mariage subsistant, blesse également les mœurs. Il nuiroit, d'ailleurs, à l'intérêt personnel de l'autre conjoint. C'est encore là un empêchement absolu.

Les autres empêchements ont pour motifs le respect dû à l'autorité paternelle et aux autres autorités naturelles ou conventionnelles. Dans ces sortes d'empêchements, les uns entraînent la nullité du mariage; les autres, des peines, des privations.

Il est essentiel, en politique, de tenir rigoureusement à l'exécution de toutes ces loix, parce que les mariages, défendus par la nature ou par la loi, sont toujours un levain de corruption pour les mœurs, ne fût-ce qu'à cause du scandale.

## CHAPITRE XVII.

### *De l'Autorité maritale et de ses limites.*

C'EST le mari qui a la charge du ménage; c'est lui qui est obligé de travailler et administrer en telle sorte, que la femme, les enfants et les autres personnes de la maison subsistent convenablement. C'est cette obligation étroite du mari qui est la source de l'autorité maritale.

La femme doit s'attacher à lui, le suivre et lui obéir dans tout ce qui n'est pas contraire au pacte social. Elle a la voie de la représentation, mais jamais celle d'opposition, de résistance.

Ainsi, par exemple, s'il plaît au mari de changer son domicile, elle est obligée de le suivre et de vivre avec lui dans sa nouvelle demeure. Mais si le mari veut passer chez l'étranger, elle peut s'y refuser; car elle n'a pas voulu renoncer à sa patrie en se mariant. Elle a entendu que le pacte social feroit sa loi après omme avant son mariage.

C'est par la même raison que le mari ne peut rien ordonnner à sa femme qui porte atteinte aux mœurs et aux loix. Il y a plus, il doit l'empêcher de nuire à autrui; et s'il ne le fait pas, il est tenu civilement de réparer ses torts. C'est encore pourquoi l'opinion publique flétrit le mari, qui tolère l'inconduite et les mauvaises mœurs de sa femme.

Il résulte de là que l'autorité du mari ne se borne pas au simple droit de représentation; il a constamment le droit d'ordonner et de défendre; il n'a pas besoin, pour se faire obéir, d'user de sa force, il a des moyens indirects suffisants, puisqu'il est chef de la maison et seul maître du mobilier et des revenus. Que si a femme s'oublie au point de violer la foi con jugale, alors c'est la loi qui la punit, sur la dénonciation du mari ; et la peine est très-grave. Cette sévérité, loin d'être contraire au pacte social, est une de ses conséquences; c'est une représaille nécessaire et juste ; car c'est la femme qui la première a violé la loi par son inconduite.

Les principes que je viens d'exposer supposent que l'autorité maritale est naturelle et qu'elle est reconnue et confirmée par la loi; mais cette autorité salutaire n'existe plus là où le divorce est admis avec ou sans motifs.

## CHAPITRE XVIII.

### *De l'Autorité paternelle.*

L'AUTORITÉ du père sur son enfant est en quelque sorte celle qu'il a sur lui même. Il peut lui commander tout ce que celui-ci peut exécuter sans nuire à autrui. C'est même le père qui est juge de cette condition, tant que l'enfant n'a pas le jugement formé; et dans ce cas-là, c'est le père qui est responsable personnellement, si l'action est punissable.

Le père n'a pas seulement le droit de commander, il a celui de défendre; c'est même un devoir que la loi lui impose; et c'est par cette raison qu'elle le charge de réparer pécuniairement les délits commis par son enfant, même à son insçu.

Il n'est pas à craindre en général que le père abuse de son autorité; il y a, au contraire, beaucoup plus de pères trop doux, que de pères sévères ; la raison, c'est que nos enfants ne font, pour ainsi dire, avec nous qu'une seule et même personne; et l'homme est naturellement porté à l'indulgence pour ce qui le touche aussi directement.

Chez des Romains, le père pouvoit tuer son enfant ; son autorité civile étoit presque illimitée. Cet excès de puissance réduisoit, pour ainsi dire, le fils de famille à l'esclavage. Les gouvernements modernes ont mieux appliqué les principes du pacte social ; le père n'a plus ce terrible pouvoir, ni cette autorité civile sans bornes : on a enfin reconnu que l'autorité paternelle est instituée par la nature, pour l'avantage réciproque du père et du fils.

Mais en limitant la puissance du père, on a eu grand soin de la maintenir. Dans le premier âge, le père a constamment le droit de châtier son enfant ; mais ce moyen n'est plus praticable au moment où l'enfant éprouve le premier feu des passions. C'est surtout pour fixer son sort futur, c'est pour se marier, que l'enfant a besoin d'être conseillé, dirigé : la loi qui exige, pour ce cas-ci, l'assistance ou l'approbation du père, est donc prise dans la nature ; si l'enfant peut l'enfreindre sans aucun risque, il le fera d'autant plus sûrement que sa passion sera plus folle. Il a donc fallu imposer une peine, c'est celle de l'exhérédation ; du reste comme il est possible que le père ait de son côté des torts, la loi y a pourvu en fixant un terme, en prescrivant des formalités propres à conserver, et souvent à concilier les droits et devoirs respectifs.

J'ai entendu critiquer la loi de l'exhérédation, pour ce cas-ci et même pour tout autre cas. J'ai vu soutenir qu'un père de famille ne peut faire aucune disposition contre l'égalité ; qu'il doit autant à l'enfant indocile, insouciant, dissipateur, qui le chagrine, qu'à l'enfant qui le contente et le console ; qu'il ne peut même rien assurer à ses petits enfants, s'il a le malheur d'avoir un fils dissipateur.

Si ce systême est vrai, il faut dire que la qualité de père est incompatible avec la liberté et la propriété. Sans doute la nature porte le bon père à ménager son avoir pour ses enfants; mais ce sentiment n'est pas une obligation, pas même au for intérieur. Celui qui dissipe son bien fait mal, sans doute ; mais nul ne peut lui en faire un crime, pas même ses enfants.

Il est possible qu'il existe un père foible et un enfant avide : la loi de la légitime a pourvu à cet inconvénient. On peut la rectifier ; par exemple, faire qu'elle soit la même dans tout l'état, mais non la supprimer absolument : Je le crois fermement ; si le père de famille ne peut faire des dispositions ; s'il est lié absolement et dans tous les cas par le mot, ou, si l'on veut, par le systême d'égalité ; c'est en vain que l'on parle de l'autorité paternelle ; elle n'existe plus.

Lorsqu'elle existe, elle appartient au père et à la mère conjointement ; mais avec cette différence que le père l'exerce pleinement, et la mère de l'aveu exprès ou tacite du père. Il importe à la paix du ménage et au bonheur des enfants que l'autorité soit ainsi exercée ; car si elle n'a pas d'autorité sur ses enfants, la mère ne peut les élever convenablement. Elle ne peut rien pour eux ni pour elle-même, si elle n'est pas toujours respectée, obéie, et par conséquent crainte au besoin.

## CHAPITRE XIX.

### *Des Bâtards.*

Les loix qui ont frappé les bâtards ont paru injustes ; c'est dit-on les punir de la faute de leurs père et mère.

S'il y a plus d'enfants légitimes que de bâtards, il semble d'abord que cet argument choque le grand principe, qu'il faut que l'intérêt particulier cède à l'intérêt général ; mais ce n'est pas ici l'intérêt des enfants légitimes qu'il faut mettre en balance ; c'est le grand intérêt des mœurs. Si les bâtards sont mis au rang des enfants légitimes, le mariage devient inutile. Nouveau motif pour soutenir que l'autorité maritale, l'autorité paternelle sont des chimères. S'il en est ainsi, je le confesse, j'ai eu tort de donner autant d'importance au pouvoir moral.

## CHAPITRE XX.

### *Des Tuteurs et Curateurs.*

Les tuteurs et curateurs sont institués pour tenir lieu de pères aux mineurs, ou aux incapables. Leur autorité dérive de la loi ; mais c'est plus la nature que la loi qui règle les devoirs d'un bon tuteur : c'est par cette raison qu'il faut nommer de préférence le plus proche parent. Les droits du père sont plus étendus, parce qu'il régit sa propre chose, ceux du tuteur sont bornés, et il doit compte de sa gestion ; mais le tuteur doit son affection et ses soins à son pupille, comme à son enfant.

## CHAPITRE XXI.

*De l'autorité des Maîtres et de ses limites.*

L'AUTORITÉ des maîtres se divise narellement en trois classes, celle du maître de maison, celle du maître instituteur, celle du maître ouvrier ou chef d'emploi.

J'ai posé au chapitre 7 du livre premier, les principes relatifs aux droits du maître de maison. Il en résulte que le domestique est tenu d'obéir à l'ordre du maître dans tous ce qui n'est pas contraire au pacte social. Il doit même sans qu'il soit besoin d'ordre exprès, agir de tout son pouvoir pour le plus grand intérêt de son maître; cette condition n'a pas besoin d'être stipulée expressément, parce qu'elle est la conséquence naturelle de l'engagement.

J'ai parlé par occasion au chapitre 8 de

ce livre des droits du maître instituteur ; il faut ranger dans cette classe les droits du maître sur son apprentif.

Les droits du maître ouvrier ou chef d'emploi sont plus restreints ; il n'a pas par exemple le droit de correction. Quand il est mécontent il congédie son compagnon ou commis, qui de son côté a la liberté de quitter, après avoir prévenu à temps. Mais tant que le compagnon ou commis est en place, il doit à son maître fidélité et obéissance, il doit tout son temps tous ses soins à l'objet pour lequel il est employé. Il ne lui suffit pas de faire la chose, il faut qu'il la fasse autant bien qu'il peut la faire.

---

## CHAPITRE XXII.

### *De la déférence due à l'âge et à la bonne renommée.*

QUELQUES peuples ont donné aux vieillards une autorité à peu près semblable à l'autorité paternelle ; chez d'autres ils avoient de plus l'autorité des magistrats. Depuis long-temps la vieillesse ne donne plus d'autorité proprement dit, mais pourtant il importe d'accorder à l'expérience, que l'âge donne ordinairement, sinon l'autorité au moins une grande déférence.

Cette déférence, qui est dans la nature, doit être assurée et même fortifiée par la loi, afin que les anciens regardent comme un de leurs premiers devoirs, celui de diriger les plus jeunes vers le bien, et de les empêcher de mal faire. On atteindroit ce but, en donnant aux anciens le droit de refuser leur suffrage, dans le cas où le plus jeune auroit besoin de r'apporter par exemple une attestation de bonne conduite. Ce refus ne pourroit-être levé qu'à la pluralité des voix et dans une assemblée de commune. La seule crainte d'éprouver ces désagréments suffiroit pour contenir la plupart des jeunes gens.

La raison veut aussi que le moins instruit ait des égards pour celui qui l'est davantage, et par suite pour les hommes constitués en dignité, car la présomption générale est en leur faveur; mais il ne faut pas de loi sous ce dernier rapport, car les hommes instruits ou constitués en dignité commandent en quelque sorte les égards, et même la crainte, compagne fidèle de l'ignorance.

## CHAPITRE XXIII.

### *Des Préjugés.*

TOUS les préjugés semblent injustes, même déraisonnables, si l'on ne considère que l'individu

dividu qui en souffre. On pense différemment, si l'on considère l'intérêt, l'ordre général.

Sans doute il est fâcheux qu'un père soit entaché, parce que son fils meurt au gibet; mais si le père eut bien élevé son fils; s'il l'eût surveillé, châtié à propos, il est probable qu'il n'auroit ni volé ni assassiné. C'est ce préjugé qui constitue le père de famille magistrat de police, et qui previent plus de crimes que le supplice n'en punit.

On demande en ce cas, pourquoi dans l'opinion vulgaire, le père, dont le fils étoit jadis décapité, n'étoit pas entaché : je réponds que l'opinion vulgaire n'est pas celle des gens instruits. Ceux-ci distinguent et doivent en effet distinguer la nature du crime; celui qui tient à la bassesse des sentiments, comme le vol par exemple, fonde le préjugé, quel que soit le genre du supplice; mais il est des crimes qui ont une cause bien opposée à la bassesse; tels sont par exemple les duels, et presque tous les crimes d'état. Ils ont ordinairement pour principe une délicatesse mal entendue, un excès d'amour propre ou d'ambition, et ces motifs ne sont pas vils en eux mêmes. Ce sont des crimes sans doute, mais il n'a pas tenu au père de les prévenir, parce qu'ils tiennent plus au hazard et aux circonstances, qu'aux principes d'éducation. Il seroit injuste de punir le père dans ces cas, puisqu'il n'y a de sa part aucune faute ni négligence; c'est là sans doute la raison de l'exception apportée au préjugé.

Il est beaucoup d'autres préjugés qu'il importe au bon ordre de maintenir, et surtout ceux relatifs aux personnes du sexe. Ces préjugés là sont plus efficaces que des loix, pour conserver les mœurs dans leur pureté.

En parlant des préjugés, je ne veux pas dire qu'il faille les adopter tous sans réflexion. J'entends parler de ceux là seulement, qui sont fondés sur une suite d'observations ou de conjectures raisonnables.

Par exemple, c'est un préjugé qui place les comédiens au dernier rang dans l'état civil : j'en trouve la raison dans les principes primitifs. Le comédien est moins libre qu'un autre, puisque pour de l'argent il se soumet non-seulement aux caprices, mais encore aux injustices et à la dérision de la multitude assemblée. D'un autre côté je soutiens que le théâtre est incompatible avec les bonnes mœurs. Toutes les passions y sont feintes, je l'avoue, mais elles ne plaisent qu'autant qu'elles ont l'air de la vérité. L'acteur ne peut rendre exactement que ce qu'il a connu, éprouvé. Le rôle d'Agnès seroit certainement mal joué par une innocente; ce qu'elle diroit seroit sans finesse; elle feroit même des contre-sens, elle seroit maussade.

Il y a, je le sçai, des acteurs qui ont beaucoup de talens; il faut même ajoûter qu'il est absolument nécesaire d'en avoir pour être bon acteur; mais ce talent en lui même est servile; il faut avant toutes choses, que l'acteur cherche à plaire; et ce devoir impérieux le force souvent à s'écarter de la vérité et des convenances réelles; c'est donc bien à tort que quelques personnes prétendent que le théâtre est l'école du goût; c'est l'école de la mode et souvent celle du vice. Plus la morale est relâchée dans un état, plus on doit y voir de théâtres; plus les jongleurs et les hystrions y seront estimés.

## CHAPITRE XXIV.

### *Des Manières et des Costûmes.*

Les manières sont des pratiques extérieures, dont l'objet doit étre de rendre les actions plus commodes ou plus agréables. Ce sont les principes d'équité et de convenance qui font les mœurs; c'est l'usage qui donne les manières.

Les modes ne sont par les manières; souvent même elles y sont opposées en tout ou partie; la mode peut et doit même changer; les manières de vivre, d'employer le temps, d'agir et de se reposer ne changent pas, ou du moins ne changent pas facilement et subitement; parce que ces manières dépendent souvent du climat et de plusieurs causes forcées.

Il importe beaucoup en politique de conserver, autant qu'il se peut, les manières établies, et d'y adapter les nouvelles institutions; c'est le plus sûr moyen de les faire réussir. Que si l'on croit devoir changer certaines manières, il faut le faire non par une loi, mais indirectement par l'exemple.

A l'égard des costumes, ils sont presqu'aussi utiles au moral qu'au physique; c'est souvent le costume qui fixe l'attention plutôt que la personne, sur-tout pour la multitude qui n'a pas le temps ou la faculté de juger. Dans ce sens l'habit forme un espèce de préjugé, qui avertit des égards dus à l'individu qui le porte, et qui rappelle incessamment à ce même individu ce qu'il doit observer pour les autres et pour lui. Il n'y a pas ou presque pas d'homme, qui de sens froid ose s'oublier et faire publiquement des actes répréhensibles, revêtu d'un costume imposant, ou qui du moins suppose de la retenue, de la prudence.

Il est donc important que l'homme d'état, le magistrat, le ministre de la religion ayent un costume. L'habit long est à préférer comme plus grave et plus imposant. Les prêtres et les magistrats ont presque partout adopté le noir au lieu des couleurs. Cela est moins dispendieux, plus commode, et donne moins de prise à la folie des modes, ensorte que ce costume est moins sujet à varier. Le costume pourpre n'a pas tous ces avantages, mais il est aussi plus éclatant, et sous ce rapport il convient mieux aux premières dignités, aux premières magistratures.

Voulez-vous donner au costume l'importance qu'il doit avoir? il suffit de décider que celui qui a droit de le porter, ne sera considéré, que comme un simple particulier, dans tous les cas, où il ne se trouvera pas costumé.

## CHAPITRE XXV.

### *Des Cultes Religieux.*

J'AI dit au chapitre neuf de ce livre, parce que j'en suis intimement convaincu, qu'il faut pour fonder, pour entretenir le pouvoir moral, une religion : laquelle? cette question passe mes forces. Je suis né catholique, il m'est permis de l'être, je ne veux pas changer. Je suppose ici, que je parle à des catholiques comme moi. C'est dans cet esprit qu'il faut lire les chapitres suivants. D'ailleurs mes réflexions sont générales; si elles sont sans application dans un état, elles peuvent convenir à un autre; je ne veux ni critiquer, ni enfreindre la loi qui existe; mais je dois finir ma tâche. Je supprimerai cependant tout ce qui n'est pas essentiel.

Le culte catholique suppose des ministres engagés par un vœu perpétuel. Je suis donc obligé de parler des vœux religieux et par occasion des vœux monastiques.

## CHAPITRE XXVI.

### *Des Vœux Religieux.*

J'AI dit au chapitre onze de ce livre ce que j'entends par ce mot vœu; et c'est d'après cette définition que j'ai dit que le mariage est un vœu; mais celui-ci est dans l'ordre de la nature, tandis qu'au premier coup d'œil les vœux religieux y semblent opposés.

Mais aussi ce premier coup d'œil porte à faux; il suppose 1°. que les hommes ont tous, à tout âge, et sans aucune modification, les mêmes besoins, les mêmes passions; 2°. qu'un homme n'est pas ou ne sera pas toujours assez fort pour modérer, pour borner ses désirs, pour maîtriser ses passions. Or, ces deux propositions ne sont pas exactes ; la preuve, c'est l'existence et la perpétuité du pacte social lui-même, puisque son objet essentiel est de régler, de modifier dans tous les temps et dans presque tous les cas, toutes les idées, tous les désirs du *moi* humain.

Il faut donc dans ce cas ci, raisonner comme dans les cas ordinaires ; c'est à l'individu à juger lui-même de ce qui est le plus conforme à ses goûts, à ses besoins ; en un mot à son intérêt. Je m'en tiens là, car il seroit trop long d'examiner la nature, et les conséquences particulières de chaque vœu.

D'une autre part c'est à l'état à permettre, à défendre, à restreindre ces sortes de vœux, selon que l'intérêt public peut l'exiger ; il a ce droit d'inspection, même pour l'intérêt personnel de l'individu ; car il faut, avant tout, qu'il soit très certain, que celui-ci, lorsqu'il fait son vœu, agit librement, et par une volonté suffisamment éclairée, non seulement par des réflexions, mais par la maturité de l'âge et par de longues épreuves. (*a*)

---

(*a*) On pourroit par exemple reculer jusqu'à 30 et même 35 ans l'époque de la profession finale. L'intervalle, depuis le noviciat seroit rempli par des vœux simples et annuels. Ces premiers vœux dans ce cas-ci sont

Il semble d'abord que l'état, qui autorise le vœu de chasteté nuit à la propagation de l'espèce. L'expérience ancienne a prouvé le contraire. Les premiers moines travailloient des mains; en défrichant ils augmentoient la culture; par là ils appelloient, ils fixoient l'aisance et même l'abondance, dont l'effet naturel et infaillible est d'augmenter la population. (a)

J'avoue que les moines étoient depuis long-temps à peu près inutiles, et par conséquent nuisibles et dangereux, suivant le

---

nécessaires pour lier l'institution envers l'individu malgré qu'il conserve lui le droit de changer. Les vœux solemnels, sont nécessaires pour assurer l'existance de l'institution même.

(a) On a bien des fois formé le projet de mettre en valeur certaines contrées de l'Amérique qui deviendroient sûrement fertiles. La chose est et sera toujours impossible à des hommes isolés. Il faut pour cela un corps qui ne meurt point, c'est-à-dire des moines, comme ceux qui ont défriché les Gaules. Il faut que ce grand ouvrage se fasse sans être payé, si ce n'est par le produit du travail même, par la reconnoissance et la vénération des Peuples, et par l'espoir d'une récompense dans l'autre vie. C'est ce dernier motif sur-tout qui a fait faire toutes les grandes choses que nous admirons encore aujourd'hui.

principe déjà rappellé tant de fois. Leur richesse les a perdus, mais, parce qu'une institution est devenue vicieuse et même à la longue corrompue; il n'en faut pas conclure qu'elle est mauvaise en soi, ni qu'elle ne peut être régénérée.

Si les religieux étoient ce qu'il est possible qu'ils soient, ils deviendroient utiles à la société. Elle pouroit leur confier tout le travail de l'instruction publique et celui des hôpitaux. Je crois fermement qu'il faut des corporations qui ne meurent point, pour faire convenablement le service de ces deux parties essentielles.

Ce que je dis ici des religieux régénérés, on peut l'appliquer aux religieuses également régénérées.

---

## CHAPITRE XXVII.

### *Des Ministres de la Religion.*

DANS les états catholiques ce sont les prêtres et les évêques. Comme ils font vœu de chasteté, on peut leur appliquer ce que j'ai dit à ce sujet dans le précédent chapitre.

Mais si l'on considère attentivement la nature et l'objet de leurs fonctions, on voit qu'elles sont incompatibles avec le mariage; car le mariage augmente au moins indirectement les besoins des hommes ; et plus le prêtre a de besoins, moins il a de temps, d'indépendance et de liberté individuelle, et toutes ces choses sont nécessaires à celui qui est obligé par état de joindre toujours l'exemple au précepte moral ou religieux.

On s'est plaint de ce que les prêtres sont ordonnés trop tôt, et des abus introduits, soit pour la nomination aux cures, soit pour la promotion à l'épiscopat : mais il est facile de remédier à ces abus qui sont étrangers à l'institution.

On peut aussi très-facilement supprimer les titres sans fonctions utiles, par exemple, les chapitres, à l'exception pourtant de celui qui est le conseil né de l'évêque. On peut enfin remédier à l'abus résultant de l'excès des richesses et de leur mauvaise répartition. La dixme la plus modique (*a*) pourroit fournir abondamment à l'entretien des ministres utiles, à leurs bonnes œuvres et en même temps aux frais du culte.

Il existe sur toutes ces choses des règles prises dans la nature même de l'institution ; mais je crois inutile pour l'instant d'en présenter le détail.

---

(*a*) La trentième portion des fruits réels, suffiroit & au-delà.

## CHAPITRE XXVIII.

### *De la Dixme.*

PUISQUE j'ai parlé de la dixme, j'observe en passant, que c'est l'impôt le plus sûr et qui se paye le plus facilement. S'il a excité des plaintes, c'est parce qu'il n'y avoit rien d'uniforme, rien d'assuré sur ce point : l'usage étoit la seule loi ; et il est souvent arrivé que la cupidité a tranformé en droit le don de la bienfaisance ou de l'amitié.

Si la dixme avoit lieu, je voudrois qu'elle fût perçue par les curés, qui feroient état d'une portion à l'église matrice ou cathédrale et à l'évêque. Ce seroit pour eux un nouveau motif de relation.

On juge d'après cette idée et ce que j'ai dit ailleurs, qu'il n'est pas nécessaire que le clergé soit propriétaire direct. L'évènement a prouvé que cela est dangereux sous tous les rapports politiques et religieux.

## CHAPITRE XXIX.

### *Des Hôpitaux.*

IL en faut absolument comme je l'ai dit ailleurs ; mais il vaut mieux qu'il y en ait peu, et qu'ils soient bien administrés.

On a pensé que les ministres de la religion obligés plus spécialement aux œuvres de charité, devoient prendre part aux administrations; il est en effet naturel de les consulter; mais en dernière analyse, c'est le magistrat proposé par l'état qui doit diriger l'administration; car le but de l'institution est d'acquitter la dette de l'état envers les pauvres.

Il est à souhaiter que chaque sexe ait un hôpital séparé. On sent bien les raisons.

A l'égard des enfans abandonnés, dont l'état doit se charger, je voudrois qu'on essayât d'abord d'en faire des soldats : à coup sûr, ce ne seroient pas les moins braves; témoins, les janissaires. Ils n'auroient presque jamais de répugnance, si ce corps de troupe venoit une fois à se distinguer.

---

## CHAPITRE XXX.

### *Des Maisons d'Éducation.*

ON conçoit que les maisons destinées aux humanités, à la philosphie, ect. n'ont pas besoin d'être nombreuses; il faut qu'il y ait assez d'écoliers pour exciter l'émulation; mais il n'en faut pas trop, car alors il est impossible au maître d'enseigner à tous, encore moins de les surveiller.

A l'égard des petites écoles, il est bon qu'il en ait une dans chaque lieu; car il n'est pas na-urel, et souvent il n'est pas possible que de eunes enfants aillent au loin pour apprendre à ire, à écrire, et les éléments de morale.

Au reste il est, je puis dire de l'essence de a chose, que les maîtres, que tous les profes-eurs aient un traitement convenable et indé-endant des évènements; ils ne faut pas qu'ils oient à la merci, ni de leurs disciples, ni les parents de ceux-ci.

Il seroit encore à souhaiter que la profes-ion d'instituteur fût en général plus considérée. C'est un art si difficile et si important! Alors es sçavants ne dédaigneroient pas les places i souvent occupées par le pédantisme et l'igno-ance.

## CHAPITRE XXXI.

### *De la dotation des Hôpitaux et Maisons d'éducation.*

L est bien sensible que ces établissements oivent être defrayés par l'état civil, car ils cquittent sa dette. Si le gouvernement est hargé directement de la dépense, il est pos-ible qu'il survienne une crise qui ne lui per-nette pas d'y pourvoir; d'où je conclus qu'il faut assurer à ces établissements un revenu fix et qu'ils le touchent directement.

On a dans bien des endroits établi pour ce effet des taxes, tantôt directes, tantôt indirec tes; c'est encore là un moyen incertain, qu d'ailleurs est subordonné, au moins indirec tement, à l'influence du gouvernement. Malgr les inconvénients de la main-morte, il la fau tolérer dans ce cas-ci; car il n'y a que l propriété foncière qui puisse donner un reven assuré.

## CHAPITRE XXXII.

### *Des Sciences.*

MALGRÉ ce que j'ai dit sur les sçavant au chapitre 5 de ce livre; je tiens pour cer tain que les sciences présentent plus d'avantage que d'inconvénients. Il faut donc exciter, en courager et même récompenser les homme qui s'y consacrent.

C'est pour cela que presque tous les gou vernements d'Europe ont institué des acadé mies; mais ces établissements sont raremen propres aux travaux assidus, et souvent pénible qu'exigent les hautes sciences; par exemple la chimie, l'astronomie; les chaires établies sous ces dénominations, ne présentent guères plus d'utilité; il faudroit établir une relation plu uivie la plus intime entre les sçavants, en as-urant des récompenses et sur-tout des dinstinc-tions, des titres honorifiques, à celui qui fait une découverte nouvelle; autrement le fruit de son travail est ordinairement perdu. Il faut des siècles pour qu'un autre génie arrive au point que celui-ci avoit atteint.

Du reste, il importe infiniment, je le ré-pète, que les sçavants, proprement dit, ne s'occupent jamais de ce qui est relatif au gou-vernement : sur ce point ce sont ceux de tous les hommes qui voient et jugent le plus mal.

## CHAPITRE XXXIII.

### *De la Faculté d'imprimer.*

Les savants, par exemple, soutiennent qu'il n'y a pas de liberté là où chacun n'a pas le droit de faire imprimer sa pensée; d'autres ajoûtent cependant que celui qui imprime est tenu de réparer le dommage que l'impres-sion peut causer.

La réponse, que l'on peut faire, est simple, mais embarassante. N'est-il pas possible en effet que celui qui imprime ne puisse pas réparer sa faute? Par exemple, s'il corrompt la mo-rale, s'il pervertit l'esprit public, s'il attaque, s'il détruit le pacte social, où sera la garantie dans tous ces cas? je veux qu'il soit condamné à se rétracter, et même qu'il se rétracte; je demande quel effet peut produire une rétractation forcée? et puis quel moyen de s'assurer que cette rétractation, fût-elle même sincère, sera connue de tous ceux qui ont lu le mauvais livre.

L'exemple de l'Angleterre ne prouve rien contre mon opinion; tout au contraire, c'est le droit indéfini d'imprimer qui est presque toujours la cause des mutineries, des disputes, et des mouvements si fréquents à Londres.

Cependant, je le sens bien, il est injuste et même absurde d'attribuer à un individu le droit de condamner un écrit, par l'effet de sa seule volonté.

Quel est donc le parti à prendre dans ce double danger? la nature semble l'indiquer. C'est d'instituer un jury ou tribunal de censure, composé par des hommes choisis, moitié par le gouvernement et moitié par l'auteur. Que si par hasard les avis sont partagés, comme il faut un terme à tout, c'est alors le gouvernement seul qui doit juger, sur les motifs donnés de part et d'autre.

LIVRE V.

# LIVRE CINQUIÈME.

## INCIPES ET CONSÉQUENCES DU POUVOIR DE LA LOI.

## CHAPITRE PREMIER.

*Du Pouvoir de la Loi.*

AI dit ailleurs ce que c'est que la loi, et ce i la constitue; son autorité est telle qu'au- n motif, tel qu'il soit, aucune considération rticulière ne doit en empêcher l'effet : fût- e même injuste, la loi doit s'exécuter; car tte injustice, qui frappe dans un cas particu- er, peut très-bien ne pas exister dans les ies et dans le mouvement général. Encore ie fois, l'intérêt particulier doit toujours céder l'intérêt général.

D'ailleurs, il est évident qu'il n'y a pas de oi, là où chaque individu peut critiquer celle ui existe, et la mettre en jugement, pour insi dire. J'entends parler ici d'une loi revêtue es formes instituées par le pacte social, ou ar un long usage.

On ne peut inspirer aux hommes trop respect pour la loi ; ils ne suffit pas qu l'observent, il faut qu'ils l'aiment, qu'ils soient pour ainsi dire esclaves ; car cet es vage est la liberté.

Ce respect, cet amour pour la loi sont en néral le résultat de la loi même, quand est juste ; ils augmentent à mesure que la vieillit, parce que le temps et l'expérience j tifient sa disposition.

Si donc le législateur croit devoir chan les anciennes loix, il ne peut jamais pren trop de précaution. Il doit observer, pour bolition des loix, les mêmes formes que p leur confection : mais ce qui est bien plus i portant, c'est de préparer le peuple au chan ment, de l'y disposer à l'avance, surtout est important ; c'est de s'assurer par tous moyens possibles, que le changement est av tageux, et le nouveau plan d'une exécut facile : si le législateur se trompe, sa fa est rarement excusée ; le peuple impute to jours le mauvais succès à l'ignorance ou à malveillance, et dans l'un comme dans l'au cas le législateur n'a plus cette confiance, fait la base principale de son autorité.

## CHAPITRE II.

### *Des Usages anciens.*

LA loi n'a jamais pu prévoir et ne prévoira jamais tous les cas ; il y a d'ailleurs une infinité de détails trop peu importants, pour fixer l'attention du législateur. Il est naturel de demander ce qui s'est observé autrefois en pareil cas : si l'usage est ancien et uniforme, la présomption est qu'il est conforme à la justice; il auroit été réformé dans le cas contraire. Il en est donc des usages comme de la loi; ils gagnent en vieillissant. Il est convenable en général de maintenir l'usage établi, d'agir et de juger en conséquence.

## CHAPITRE III.

### *De l'autorité du Prince dans la Monarchie, et et de l'état qu'il doit tenir.*

L'AUTORITÉ du prince est la première et le principe de toutes les autorités conventionnelles, et l'on peut dire aussi qu'elle est, sinon le principe, au moins la cause efficiente des autorité naturelles; car dans l'état d'anarchie, ces autorités sont aussi peu respectées que les autorités conventionelles.

De tous les états de la société, c'est celui du prince qui est le plus difficile à bien remplir. Il est très-sensible qu'il ne peut tout faire par lui-même : le grand art du prince est donc de connoître bien les hommes, pour appeller chacun à la place qui lui convient.

Cet art suppose des connoissances et l'amour de l'ordre; d'où il suit que le prince doit être instruit et maître de ses passions. S'il est capable d'atteindre ce dernier but, il aura la fermeté nécessaire; car celui qui sçait se maîtriser lui-même, est toujours capable de se faire obéir.

Il importe que le prince s'observe plus qu'un particulier; car il fixe tous les regards; il est en définitif le modèle que la nation imite. Un prince sans mœurs et sans principes, est un fléau plus terrible que la peste; elle tue des hommes qui dans peu seront reproduits; le mauvais prince tue l'esprit public, il tue la morale, qui ne renaît qu'après des siécles passés dans la corruption et l'ignorance.

On conçoit que le prince doit être fort au-dessus des besoins physiques; mais cela ne suffit pas; il importe qu'il ait un grand état, surtout dans une monarchie puissante. La splendeur du trône doit être telle, qu'elle en impose aux citoyens de tous les ordres ; aux grands, pour leur ôter même l'idée de la convoitise, par la grande difficulté ou même l'impossibilité de l'exécution; aux classes inférieures, par la certitude que le prince peut toujours être juste, sans rien craindre de personne; à la multitude qui ne raisonne pas, par un éclat qui, quoiqu'emprunté, fait toujours sur elle le plus grand effet.

Ce n'est pas assez que le prince soit craint, respecté, il faut qu'il soit aimé. L'amour du peuple est le plus ferme appui de son autorité, et à la fois sa plus douce récompense. Eh ! comment le peuple pourroit-il ne pas aimer le prince qui veut réellement son bonheur, et qui s'en occupe continuellement ?

## CHAPITRE IV.

### *Des Droits et Devoirs du Prince.*

D'APRÈS ce que j'ai dit, chapitre huit du livre 3, on voit que le prince a dans l'intérieur deux fonctions principales à remplir. 1°. Il doit administrer directement, avec l'aide des ministres qu'il choisit, tout ce qui tient à l'intérêt public. 2°. Il doit faire régler par les tribunaux toutes les difficultés particulières qui peuvent s'élever entre les membres de l'état.

Sous le premier rapport, il faudroit écrire des volumes, pour présenter les principes et donner des exemples d'application ; et encore ne diroit-on pas tout, parce que cette matière est véritablement inépuisable. Mais on peut réduire ces principes multipliés à quatre conditions ou règles générales, la justice, la vigilance, la prévoyance et l'économie.

Si l'ordre donné par le prince est injuste, il attaque à la fois l'individu qui en souffre, et le corps social lui-même. Dans certains cas graves, il peut même entraîner la dissolution, la mort du corps social.

Faute de vigilance, une étincelle peut causer un embrasement général ; car, en fait d'administration, le mal se propage plus vîte encore que le feu.

Mais c'est sur-tout par la prévoyance que le prince montre son habileté ; il a sans cesse à combattre les efforts de l'intérêt privé ; il faut qu'il s'en acquitte avec un tel art, que l'individu intéressé n'ait pas lieu de se plaindre raisonnablement. D'un autre côté, le prince doit toujours être en garde contre les évènements naturels, et même contre le hazard, ensorte qu'il doit connoître parfaitement le présent et lire dans l'avenir. Si une sécheresse, une inondation désolent une contrée, c'est à lui à réparer ce fléau, à faciliter à cette contrée le moyen de vivre, sans cependant ôter le nécessaire aux contrées voisines. Il faut, dans tous les cas, que le prince calcule encore plus l'effet indirect des ordres qu'il donne, que leur effet direct. La force, dont il dispose, peut assurer l'exécution de l'ordre, mais elle ne peut rien sur l'opinion publique. Je me trompe; car la violence, quand il faut y recourir, fixe l'opinion au désavantage du prince. Enfin il faut que le prince, par des dispositions sages, assure à l'avance les moyens d'existence à tous les membres de l'état; car si les choses de première nécessité manquent absolument, n'importe par quelle cause, le peuple qui a faim, ne calcule, ne réfléchit plus, il perd toute espèce de confiance : son respect, son amour pour le prince se changent en haine; il oublie tout jusqu'aux bienfaits les plus signalés.

J'ai dit que la quatrième condition est l'économie; c'est elle seule, en effet, qui donne, qui conserve les moyens. Tout administrateur qui, à la première occasion, use ses moyens ordinaires, va au jour le jour; il est sans cesse exposé à manquer; il est forcé de recourir à des ressources étrangères qui bientôt augmentent le besoin, et par conséquent accélèrent la ruin totale du gouvernement. Une triste expérienc a prouvé de nos jours la vérité et l'importanc de ces réflexions.

A l'égard de la seconde fonction du prince elle sera remplie, s'il existe des tribunaux bie constitués, et que les juges et magistrats fassen aussi leur devoir. Ceci tient à des principe particuliers, dont je parlerai dans la suite de c livre.

## CHAPITRE V.

*Que le Prince ne doit en aucuns cas juger par lu même ou par des Commissaires.*

MAIS il faut remarquer ici, que le princ ne doit pas se mêler de juger les débats pa ticuliers, ni même les crimes et délits, r par lui même, ni par des commissaires non més pour un cas déterminé. Il est, comme j l'ai dit, le magistrat suprême; mais c'est dan ce sens seulement que c'est lui qui doit ins tituer les magistrats, et les surveiller pou qu'ils suivent exactement les formes établies et qu'ils jugent selon la disposition de la loi

Quand les juges contreviennent à ces deu conditions, il appartient au prince, non pa de juger, mais d'anéantir le jugement pour renvoyer devant d'autres juges, et cela lui appartient, non pas tant comme magistrat que comme directeur suprême de tout ce qui intéresse l'ordre public; car, c'est autant et même plus pour l'intérêt public, que pour l'intérêt privé, qu'il importe d'anéantir les actes judiciaires, qui renferment quelque violation de la loi.

Il est facile d'établir que le prince ne doit jamais juger. Et d'abord il est sensible qu'il a intérêt dans toutes les affaires, même privées, ne fût ce que pour faire accomplir aux juges les deux conditions dont je viens de parler. Or, comment admettre que celui qui est intéressé, ne fût-ce que comme surveillant, puisse juger? si le prince jugeoit quelle autorité pourroit l'obliger à suivre les formalités et même le texte de la loi? quel recours auroit-on s'il contrevenoit à ces deux points?

Il arrive d'ailleurs que le prince, comme chef de l'administration générale, a souvent lui-même un intérêt direct dans les affaires; car l'état a nécessairement des propriétés telles, par exemple, que les places et édifices publics, les grands chemins, les fleuves. Le prince a aussi des propriétés, dont il jouit à part, par lui-même ou par les siens, comme, par exemple, les maisons royales, les appanages. Dans tous ces cas le prince seroit donc juge et partie.

Il seroit encore juge et partie dans toutes les affaires, où il est par l'effet du pacte social, le défenseur né de ceux qui ne peuvent se défendre eux mêmes, tels que les mineurs, les interdits, les hopitaux et autres établissements publics.

Voilà pour le civil : mais l'inconvénient est plus frapant encore au criminel, car le prince est intéressé dans toutes celles que l'on peut imaginer sous le rapport de l'ordre général.

D'ailleurs nous verrons au chap. 29, de ce livre, qu'il est absolument nécessaire, que le prince puisse en certains cas et surtout au criminel, dispenser de la rigueur de la loi et même faire grace; nous verrons que ce n'est pas là une prérogative, comme quelques personnes l'ont pensé, mais une des bases de la législation criminelle dans la monarchie. Comment le prince pourroit-il à la fois condamner et faire grace?

Mais ce n'est pas assez que le prince s'abstienne de juger, il doit dans tous les cas laisser juger les tribunaux compétents, civils ou militaires. Rien ne peut l'autoriser à instituer des commissaires juges, soit à temps, soit pour un cas déterminé. La raison, c'est que ces commissaires sont toujours sans liberté, sans volonté à eux. Ce sont des machines qui se meuvent suivant l'ordre qui est donné; il est même naturel, que ces sortes de juges dépassent en injustice et en cruauté les intentions du fondateur, sans autre motif que de lui plaire.

En un mot, là où le prince juge directement, ou par des agens, tels que des commissaires, on peut dire que le contrat social est violé, et même qu'il n'existe plus dans certains cas graves. C'est le despotisme; et c'est pis encore. L'ordre du despote fait tomber une tête; le jugement ôte ordinairement à la fois la vie, la réputation et les biens. Le despote veut une victime; ceux-ci veulent un criminel.

Mais le prince, qui ne peut juger, peut-il s'assurer d'un individu et le faire emprisonner? question délicate, et portant facile à résoudre; il faut qu'il ait ce droit; car sans cela son autorité deviendroit nulle, dans les cas importants et pressants à la fois; mais il faut que ce droit soit défini et limité. Le prévenu, que le prince fait arrêter, est coupable, ou il ne l'est pas; il faut donc qu'il soit jugé, et il faut qu'il le soit le plutôt possible; car l'innocent ne doit pas languir, et le coupable doit, par une prompte punition, effacer l'impression qu'a pu causer son crime. Si donc les circonstances semblent exiger l'arrestation d'un individu, il faut que du même instant ou du moins dans un délai très-court, il soit rendu aux tribunaux, légalement institués pour juger les crimes. Il faut que ces tribunaux aient le droit de revendiquer ce prévenu, et de le faire conduire devant eux. Toute détention, qui se prolonge par le fait, ou la volonté du prince, sans que le détenu puisse se faire juger, est un acte de despotisme, que rien ne peut justifier, ni même excuser.

## CHAPITRE VI.

### *De l'Autorité et des Droits et Devoirs du Sénat.*

L'AUTORITÉ du senat en corps peut-être la même, que celle du prince : elle peut pourtant être limitée par le pacte social, surtout s'il existe, comme chez les romains, une ou plusieurs magistratures indépendantes, ou opposées dans certains cas. Mais quelle que soit leur autorité, les senateurs n'ont pas besoin de représentation extérieure; cette représentation pourroit même devenir dangereuse dans certaines occasions, comme je l'ai déjà dit.

Les fonctions, soit que le senat les conserve en corps, soit qu'il les partage à des classes prises dans son sein, sont à peu près les mêmes que celles du prince; mais les droits sont ordinairement et doivent être plus restreints; car ce corps qui ne vieillit, qui ne meurt pas, est bien plus dangereux, lorsqu'il peut augmenter sa puissance, qu'un prince qui peut revenir sur ses pas, ou qui aura un successeur disposé à suivre les bons principes.

## CHAPITRE VII.

### *Du Conseil du Prince.*

DANS l'aristocratie les senateurs, sur-tout s'ils sont nombreux, n'ont pas besoin de conseils; mais comme il est impossible que le prince connoisse, et voie tout, quelque mérite qu'on lui suppose; il faut bien qu'il ait un conseil.

Il est dans la nature des choses, que le conseil soit composé d'hommes expérimentés dans les parties principales du gouvernement, et sur-tout d'hommes versés dans la connoissance intime des gouvernements et des peuples voisins, de guerriers, de magistrats, en un mot d'hommes capables d'ouvrir de bons et salutaires avis dans les occasions difficiles.

Une autre règle bien importante et tant de fois oubliée, en France sur-tout, c'est de se méfier des étrangers et des hommes systématiques. Jamais un étranger, quelqu'honnête qu'on le suppose, n'abjure entièrement les maximes, les idées de sa patrie; jamais il n'adopte indéfiniment les principes, les idées du pays qu'il habite. Ainsi il peut très-mal opérer, même avec de bonnes intentions. Que sera-ce donc, si cet étranger est un homme parvenu à force d'intrigues et d'hypocrisie, un homme aveuglé, bouffi d'orgueil par une fortune inopinée, par une illustration soudaine?

Les hommes systématiques ont la fureur de tout ramener à leur système; et tout est perdu en politique, quand on s'écarte des règles puisées dans la simple nature des choses. Il y a eu dans ce siècle des gens assez fols pour proposer la suppression de certains droits, de certains impôts, sans remplacer leurs produits, malgré la détresse des finances; pour supprimer les tribunaux et les gens de loi, afin d'empêcher les procès. Que n'ont-ils proposé aussi de supprimer les médecins, pour empêcher les maladies et la fièvre!

Pour revenir au conseil, il est sensible qu'il n'a et ne doit pas avoir d'autorité sur le prince, ni même dans l'administration. Le prince reste le maître d'adopter l'avis qui lui semble le meilleur, et même d'agir d'après ses propres idées.

D'un autre côté, le conseil ne doit rien statuer par lui-même, car il est sans autorité. Que si le prince lui donne le droit de juger, alors le conseil se trouve composer une commission extraordinaire du genre de celles dont j'ai parlé au chapitre 5. Elle est même plus vicieuse et plus terrible encore, à cause du rang et de l'influence des personnages qui la composent.

C'est la confiance du prince qui appelle au conseil les divers individus qui le composent; or la confiance ne peut être forcée ni même gênée dans aucun cas. Ainsi, par la nature des choses, ces conseillers sont amovibles; et c'est un nouveau motif, pour qu'ils ne puissent pas juger; car le juge amovible n'est jamais parfaitement libre, comme je l'établirai dans la suite.

## CHAPITRE VIII.

### *Des Ministres en général.*

Les ministres sont établis pour aider le prince dans son administration personnelle et directe. Ce sont encore des places de confiance, et par conséquent amovibles (*a*). Leur nombre n'est

(*a*) On exceptoit en France le Chancelier. On pensoit et avec raison, que le chef des magistrats inamovibles devoit l'être aussi; c'était-là d'ailleurs un contrepoid qui seul a souvent produit d'heureux effets.

pas et ne doit pas être fixé invariablement. Cel[a] dépend sur-tout du nombre des affaires.

Il importe que les ministres soient membre[s] du conseil du prince, afin de s'éclairer davan-tage par les discussions qui y ont lieu, afin d'as-surer leur opinion par le suffrage des autre[s] membres, afin encore de concerter leurs opé-rations importantes avec les autres ministres pour conserver l'unité d'action.

Les affaires sont si multipliées, et souvent s[i] pressantes, que le ministre ne peut pas dan[s] tous les cas recourir au conseil, ni prendr[e] l'ordre du prince. C'est par cette raison qu[e] l'usage a prévalu d'accorder une portion d'au-torité aux ministres; mais cette autorité est né-cessairement bornée. Ainsi, par exemple, l[e] ministre de la guerre ne peut, de son chef e[t] sans une autorisation expresse, faire faire l[a] guerre à une nation, même quand le motif se-roit juste : il ne peut non plus faire ou donner l[a] paix. De même, le ministre des relations n[e] peut, sans pouvoir exprès, conclure ni rompr[e] une alliance, etc. Tous ces actes importants qui sont l'effet d'une volonté spéciale, excèden[t] le pouvoir des ministres. En aucun cas ils n[e] peuvent rien régler par leur volonté propre; il[s] ne peuvent qu'appliquer à un cas particulier le[s] principes généraux d'administration.

Malgr[é]

Malgré cette distinction nécessaire, il est toujours vrai de dire que les places de ministres demandent des hommes probes et instruits, et qui ne perdent jamais de vue les deux loix primitives, liberté, propriété.

Ce n'est pas assez qu'un ministre soit probe et instruit, il est à désirer qu'il soit riche, pour être au-dessus des besoins; qu'il soit assez âgé, pour que le feu des grandes passions soit passé; mais pourtant pas trop vieux, car il doit travailler, et qui plus est, travailler sans trop compter sur la gratitude du prince, ni sur celle du peuple. L'un et l'autre sont presque toujours disposés à ne faire de notes que pour les fautes, qui sont presque inévitables dans une administration étendue et compliquée. Ce n'est qu'après l'avoir perdu, que l'on rend justice à l'homme d'état; c'est parce que l'on est mal, que l'on se ressouvient du temps où l'on étoit bien.

## CHAPITRE IX.

### *Du mot Responsabilité.*

VOILA encore un mot mis en vogue depuis quelques années : on l'emploie à tout propos, relativement à tous les fonctionnaires publics, depuis le ministre jusqu'au dernier commis de la douane. Et quelle est sa signification précise? C'est ce qu'on ne dit pas. C'est encore un terme magique, qui signifie ce que l'on veut suivant l'occasion.

On connoissoit auparavant un mot bien plus clair et à la fois plus énergique, le mot prévarication. Le ministre prévaricateur est coupable, parce qu'il a agi ou manqué d'agir, avec l'intention de nuire à la chose publique. Ce n'est pas alors une faute à réparer pécuniairement; c'est un crime grave, que la loi doit punir exemplairement.

Du reste, il est sensible que le ministre, qui commet une faute involontaire, n'est pas coupable. Il n'est pas non plus naturel de le rendre responsable des évènements; car, s'il faut que le ministre garantisse le succès de toutes les opérations, qu'il fait de bonne foi, quel est l'homme raisonnable qui voudroit d'une telle place?

On a prétendu dans un temps, que le ministre d'un prince doit être garant des faits du prince même. C'est vouloir l'impossible, puisque le ministre est amovible, et sans aucune autorité qui lui soit propre; il doit obéir ou s'en aller; et s'il s'en va, il sçait que son successeur fera tout ce que l'on exige, et pis encore, pour se faire bien venir.

C'est ainsi que les précautions, portées à l'excès, produisent souvent d'elles mêmes le mal qu'on veut éviter; en demandant l'impossible, l'homme qui convient pour la place s'en éloigne; c'est un intrigant qui vient la remplir : il est d'avance très-disposé à se moquer de la responsabilité, qui d'ailleurs ne peut lui ravir des biens qu'il n'a pas.

## CHAPITRE X.

### *Des Commis ou Subordonnés.*

UNE chose essentielle pour tous les ministres, c'est de bien connoître les commis qui les aident et de les surveiller assez exactement pour s'assurer que chacun fait sa tâche, et la fait comme il doit la faire. Autrement il peut arriver que les commis substituent leur volonté à la règle, et leur intérêt personnel à l'intérêt de l'état.

Je le répète, c'est le desir d'avoir qui excite l'homme au travail. Ce motif est très-foible chez celui qui fait un travail commandé et souvent désagréable, et qui est payé, non en raison de ce qu'il fait, mais à l'année, au mois ou même à la journée. Voilà pourquoi, en général, les commis ont si peu de zèle, pourquoi ils semblent souvent insouciants, égoïstes, et quelquefois d'une humeur difficile. Ceci tient à l'état de commis en général.

Outre ce reproche général, les commis de ministres en ont souvent mérité de particuliers. Comme ils sont occupés d'affaires importantes, et qu'ils traitent ordinairement avec des personnes riches ou d'un état supérieur, il arrive bientôt qu'ils se croyent eux-mêmes importants et qu'ils se conduisent en conséquence; leurs femmes, ordinairement désœuvrées, veulent aussi fixer l'attention; ainsi le mari et la femme ont également le goût du luxe, de la dépense. Le traitement du mari est borné et souvent insuffisant. Pour faire ressource, il s'intéresse dans les entreprises qui demandent l'approbation ou la faveur du gouvernement; il s'associe avec les fournisseurs, les marchands, avec qui le gouvernement est lui-même obligé de traiter; il reçoit des présents; il vend les graces, et quelquefois la justice. Voilà l'espèce d'agiotage, contre lequel le ministre doit être en garde, s'il veut agir selon les principes et éviter les piéges.

Pourtant il ne faut pas croire que cette surveillance scrupuleuse s'étende à tous les commis. Si le chef est ce qu'il doit être, il y a lieu de présumer, que ceux qui lui sont subordonnés sont dans le même cas. On avoit, dans les derniers temps, accordé des distinctions ou grades honorifiques à quelques-uns de ces chefs ou premiers commis. Ce moyen, employé à propos, est plus propre encore que l'intérêt pour exciter le zèle et l'émulation de ces hommes essentiels, quand ils ont l'amour de leur état, et qu'ils le font sans crainte et sans bassesse.

---

## CHAPITRE XI.

### *Des Relations extérieures, et particulièrement des Ambassadeurs ou Envoyés.*

J'AI dit autre part, et il est sensible, que l'état est intéressé à vivre en paix avec les autres états. Cela exige qu'il soit en relation avec eux. Ordinairement le prince a près de lui un ministre chargé de cette partie essentielle; il a dans chaque état, un ambassadeur ou envoyé chargé de le représenter pour demander justice au besoin, ou de prendre des renseignements, s'il arrive que l'état étranger ait lui-même à réclamer.

Tous ces ambassadeurs ou envoyés doivent se conduire d'après les principes du droit des gens et d'après les traités qui sont en vigueur.

C'est une règle du droit des gens, que l'ambassadeur ou envoyé vive dans le lieu où il est résident, comme s'il étoit chez lui. Cette règle est d'ailleurs fondée sur la réciprocité et sur l'intérêt respectif des divers états. Si donc un ambassadeur se conduit mal à la cour où il est résident, c'est au gouvernement qui l'a envoyé, que le gouvernement mécontent doit se plaindre. Si la plainte reste sans effet, il fait intimer à l'ambassadeur l'ordre de se retirer. En cas de refus, il pourroit le faire arrêter, ainsi que sa suite, comme ennemis déclarés.

Ceci est la conséquence du même principe, qui assure le privilège des ambassadeurs. Si l'on doit à leur égard observer le droit des gens, c'est à condition qu'ils s'y conformeront de leur côté; et c'est le violer, de la part de l'ambassadeur, que de méconnoître et d'offenser par un refus séditieux la puissance près de laquelle il réside.

Le cas est plus grave encore, si l'ambassadeur excite une révolte dont il se déclare le chef, alors il perd par ce seul fait tous les droits qu'il avoit comme ambassadeur, on ne doit plus voir en lui que l'ennemi de l'état; et comme la défense et la représaille sont naturelles contre un ennemi déclaré, non-seulement on a le droit de le tuer en combattant; mais s'il échappe au combat, il doit être jugé et puni comme un autre chef de révolte.

Comme les ambassadeurs sont institués pour entretenir la paix entre les nations, il est naturel de les congédier lorsque la guerre est décidée. Leur ministère devient alors inutile, et leur présence pourroit être nuisible à l'état qui la souffriroit.

## CHAPITRE XII.

### *De l'Etat Militaire de terre et de mer.*

J'AI déjà parlé en général de la force publique et de la guerre. Mais j'ai plusieurs observations de détail à ajouter.

On appelle état militaire, en politique, l'ensemble des forces de terre et de mer que le corps social tient à sa solde, même en temps de paix, pour être toujours prêt à le défendre, en cas d'attaque, ou à attaquer lorsqu'il y a lieu.

En général, les militaires, considérés comme tels, font une espèce de corps à part dans l'état; et ce corps a ses loix, ses usages particliers, qui tiennent à la nature des choses.

Dans l'ordre civil, chaque individu ne doit obéir qu'à la loi, laquelle doit toujours être basée sur les deux principes primitifs de la liberté, de la propriété ; ce qui suppose la faculté de réfléchir, de se défendre, de juger. Dans l'état militaire, c'est autre chose ; parce qu'il est de l'essence de cet état, que chacun obéisse à l'ordre de son supérieur à l'instant même, et sans examiner si cet ordre convient ou non.

Toutefois je suppose qu'il s'agit d'un ordre relatif aux fonctions militaires ; autrement le militaire rentre dans les principes ordinaires. Ainsi, par exemple, le soldat ne doit pas obéir à un officier, qui seroit assez extravagant pour lui commander un meurtre privé.

Par la nature des choses, il doit exister pour l'état militaire une police, une discipline particulière, et même des tribunaux pour juger les délits militaires. Ces tribunaux, qu'on appelle conseils de guerre, ne sont pas astreints aux formalités des tribunaux civils. Cela n'est pas nécessaire, parce qu'il est ordinairement très-facile de constater le fait, et que la peine est déterminée par les réglements militaires ou par des usages que tous les militaires connoissent parfaitement.

Mais on ne doit pas regarder comme crimes simplement militaires, les crimes du chef ou gé-

ral. Ce sont des crimes d'état, et ceci rentre
ns l'ordre civil. Ce n'est plus un conseil de
erre qui doit juger, ce sont les tribunaux or-
inaires, parce que ces crimes attaquent bien
us l'ordre et l'intérêt publics que la discipline
litaire.

Les détails et l'administration militaire font
dinairement un ministère particulier, et
ns les grands états, la marine en est séparée.
est naturel de choisir par préférence pour
s deux ministères, des hommes du métier,
est-à-dire, des guerriers de terre ou de mer.

## CHAPITRE XIII.

### *Du Général.*

TROUVEZ un homme né avec du génie,
ès-instruit, s'il se peut, mais qui du moins ait
s connoissances générales et exactes sur les
rincipales branches de l'administration, qui
me son métier et qui le connoisse, non par la
ule théorie, mais par la pratique, qui soit sé-
ère, mais juste, brave sans témérité, compa-
ssant sans foiblesse, généreux sans ostenta-
on. Voilà celui qu'il faut nommer pour com-
ander en chef.

Je l'ai dit au chapitre 4 du livre 3, il est dans

la nature des choses, que le général ait plei pouvoir pour l'objet confié à son command ment. Je sçai bien que cela peut entraîner d inconvénients : je ne vois qu'un moyen d'y pa rer, c'est que le prince ( un ou plusieurs séna teurs dans l'aristocratie ) se rende lui-même l'armée ; sinon pour commander, au moin pour donner les ordres importants au momen utile.

Toutefois le plein pouvoir du général a de limites naturelles ; il peut tout pour vaincre tous les moyens sont à sa disposition; mais il n peut rien abandonner, rien céder volontaire ment, ni pour l'objet qui cause la guerre, r pour tout autre : il ne peut non plus, de so chef, faire la paix, même à des conditions avan tageuses; car tout cela suppose un acte de vo lonté spéciale de la part du gouvernement.

Je dis que tous les moyens sont à la dispo sition du général, parce que des ennemis, ac tuellement disposés à s'ôter la vie, ne se doiven aucun ménagement. Si donc le général peu venir à ses fins par quelque stratagême, pa quelque ruse que que ce soit, il peut employe ce moyen; il le doit même, pour épargner l'ef fusion du sang. Il faut seulement excepter le ruses et pratiques qui tiennent à la bassess d'ame, à la lâcheté; et cela non à cause de l'en ii, mais à cause du respect que le général à sa nation et à sa gloire personnelle.

Il est sensible, comme je l'ai dit ailleurs, que jet final de la guerre, c'est l'état de paix. Il de là que le général a droit d'écouter les positions qui peuvent amener cette fin desile. Il peut donc faciliter à ce sujet les explications par des passeports, des saufconduits, nvenir d'un armistice, d'une trève de peu de rée, mais pourtant à condition que ces conntions nécessairement provisoires, ne nuiront à l'état actuel des choses.

Mais si le général se trouve forcé dans une taille; si le commandant d'une place assiégée trouve dans l'impuissance de soutenir davange, peuvent-ils, sans pouvoir exprès, l'un donner la retraite, et l'autre se rendre? L'afmative est sans difficulté; car l'ordre, qu'ils it reçu, est nécessairement subordonné à cette ndition, que la chose soit possible; dès l'il n'y a plus de possibilité de tenir, il faut en céder; en résistant plus long-temps, le général violeroit à la fois les principes de l'humanité et les intérêts de l'état; dans tous les cas, état doit perdre le moins possible, sur-out en hommes.

C'est sur-tout dans la victoire qu'un général montre habile, et qu'il se fait admirer. Il doit savoir qu'il est généralement plus [...] vaincre que de conserver la conquête. Il [...] pour cela gagner le cœur des peuples sub[...] gués. C'est leur aveu, leur consentement [...] doit légitimer et assurer pour l'avenir les dr[...] du vainqueur. Or, le moyen de l'obtenir [...] aveu si desirable, c'est d'être juste, compa[...] sant et, s'il se peut, généreux; c'est de lai[...] aux vaincus leur liberté, leurs loix, leurs usa[...] leurs préjugés mêmes, dans tout ce qui [...] s'accorder avec la domination suprême qu[...] force ou la ruse ont données au vainqueur. U[...] conduite opposée soulève l'esprit des peupl[...] qui n'attendent qu'une occasion pour seco[...] le joug. Heureux si le souvenir de leurs pei[...] ne les porte pas, à la suite du premier avanta[...] à attaquer le vainqueur à son tour dans ses [...]ciennes possessions.

## CHAPITRE XIV.

### *Des Officiers Militaires.*

ORDINAIREMENT le grade d'officier [...] termine la nature et l'étendue de ses fonctio[...] de ses pouvoirs. Dès qu'il a reçu l'ordre [...] doit obéir comme le simple soldat; mais [...] obéissance est pourtant raisonnée; car l'or[...]

ose toujours la possibilité de l'exécution. par exemple, le chef d'une division voit possibilité d'exécuter l'ordre de la manière scrite, à cause de quelqu'évènement imvu, mais qu'il existe un autre moyen d'arr au même but, il doit se conduire, et ceux il commande, d'après cette nouvelle vue : fait une rencontre, et qu'il soit assez fort, le droit de battre l'ennemi, de le harceler, faire des prisonniers et du butin dans cette casion, quoique cela ne soit pas exprimé s l'ordre ; il a ces droits, à moins que l'ordre contienne à ce sujet une défense expresse. même l'officier, qui se trouve enveloppé une force tellement supérieure, qu'elle ôte t espoir, doit se rendre plutôt que de s'exser, lui et les siens, à une perte inévitable. que j'ai dit, en parlant du général, reçoit son application. Sous un autre rapport, cette ddition présente un but d'utilité; car les prinniers qui sont faits dans ce cas-ci, peuvent core servir leur patrie s'ils sont échangés, omme cela arrive ordinairement chez les naons policées; et, si l'on suppose que la conition de l'échange est qu'ils ne serviront plus, sont toujours des membres conservés à l'asociation, et ils lui seront utiles sous un autre pport.

Ainsi, quoique cela ne soit pas absolume nécessaire, on doit desirer que l'officier toutes les qualités du général, et qu'il les me en pratique.

## CHAPITRE XV.

### *Du simple Soldat ou Matelot.*

IL est à desirer, il est même nécessaire q le soldat aime son état, en sorte qu'il semb agir de lui-même, plutôt que par l'effet commandement, sans cela il n'a pas, ou presq pas de courage.

La simple raison indique le moyen d'atteind ce but, c'est de relever, autant qu'il se peu l'état du soldat et le soldat lui-même. On élè l'état en considérant tous les individus, depu le général, comme soldats; en exigeant q les officiers en fassent avant tout les fonction On élève le soldat, en fournissant convenabl ment à ses besoins; en lui donnant un vêteme durable, agréable et propre à-la-fois; enfin, ceci est essentiel, en lui faisant observer l règles de la justice, et même celles de la bien séance, de la politesse. Le soldat ainsi form se plaît dans son état, parce qu'il plaît au gran nombre, et qu'il n'est dédaigné par personn

Quand je dis que le soldat doit observer le

gles de la justice, de la bienséance et de la olitesse, j'en excepte pourtant l'instant du ombat. Alors la voix impérieuse du devoir et e la nécessité font taire ces considérations, u plutôt c'est la justice, c'est la convenance ui commandent le meurtre et le pillage. Il faut uer ou être tué. Le mot pillage n'a rien 'odieux dans ce cas-ci; la dépouille de l'ennemi appartient naturellement à celui qui le enverse et le tue, et par conséquent au soldat. C'est la juste indemnité du risque qu'il a couru ui-même dans ce moment terrible.

On peut soutenir à la rigueur, que le soldat eut aussi s'approprier les effets personnels de eux qu'il fait prisonniers de guerre sans combattre. Le soldat peut dire en ce cas, qu'il toit disposé au combat, et d'ailleurs il s'est rouvé exposé personnellement au même isque, s'il eut été lui-même fait prisonnier.

Mais, hors ces deux cas, le pillage est un rime. Non seulement il n'est pas toléré; mais l est toujours défendu dans les armés bien distiplinées, sous les peines les plus sevères.

## CHAPITRE XVI.

### *Des Signes et Décorations d'Honneur.*

L'ÉTAT militaire n'exige pas seulement un service assidu; il présente des dangers de toute espèce, et certes la solde payée par l'état n'est jamais assez importante, pour déterminer su tout une personne riche à prendre cette pro fession par préférence; c'est l'honneur qui anim le véritable guerrier, c'est-à-dire, cette pro priété idéale, dont j'ai parlé au chapitre 9 d livre premier.

On peint la renommée avec une trompette et cela est naturel, car c'est la publicité q la constitue; cependant il répugne à la mo destie et à l'honneur même, que chacun publi ses hauts faits. C'est là sans doute ce qui fait imaginer les signes honorifiques, les déco rations militaires.

J'ai dit au chapitre 10 du livre premier, c qui fait qu'un signe est plus ou moins honno rable; je dois ajouter que ce n'est pas la faveu mais la justice qui doit faire accorder les déco rations militaires.

Pour s'assurer sur ce dernier point, on pour roit avant tout prendre l'attache du corps o le candidat a servi, et celle de l'ordre ou d la compagnie honnorable dans laquelle il désir être admis. Il est très-probable que cela éviteroi les passedroits et les effets souvent ridicules d la protection, de la faveur. Le prétendant s'exa mineroit lui-même, avant de se présenter à so corps, et cela seul en excluroit beaucoup; i

résulteroi

résulteroit un autre bien de cet usage, sçavoir, que les corps seroient généralement plus respectés par tous les militaires.

Au reste, on conçoit qu'il n'est pas de nécessité absolue, pour mériter la récompense honnorifique, d'avoir échappé au péril ; il suffit que le prétendant ait servi sans reproches, pendant le temps déterminé ; il n'a pas cessé d'être à la disposition des supérieurs, il ne doit pas souf[illegible] de ce que l'occasion de se signaler, n[illegible] présentée pour lui dans cet interval[illegible]

## CHAPITRE XVII.

### *Des Subsistances.*

Je suppose la paix assurée au dehors ; il faut l'établir ou la conserver au-dedans. Point de vivres, point de paix, disoit un mutin dans une sédition ; il disoit vrai. Le premier soin de l'administration intérieure est donc d'assurer à tous en général et à chacun dans une proportion suffisante, une subsistance aisée.

Cela ne veut pas dire, que le gouvernement soit tenu de fournir les subsistances, mais il doit veiller à ce qu'elles ne manquent pas ; il doit même y pourvoir directement, c'est-à-dire, faire les [illegible] extraordinaires où la fortune et [illegible] individus sont insuffisantes ou [illegible]

Hors ces cas qui sont très-rares, [illegible] duit dans les pays qui produisent [illegible] courager, à favoriser l'agriculture et [illegible] merce. C'est le commerce qui distribue [illegible] cun sa portion, et qui seul peut établir [illegible] proportionnel de chaque chose.

Lorsque dans certa[illegible]ments, on a éprouvé, ou seulem[illegible]t de la di- sette, on a imaginé [illegible]es encourage- ments, des primes, pour déterminer l'impor- tation. Il est rare que ce moyen réussisse; sou- vent même il produit un effet opposé; dépense pour dépense, il vaut mieux que le gouverne- ment fasse directement les achats au-dehors.

Lorsqu'il prend ce dernier parti, il est sen- sible que le gouvernement doit défendre l'ex- portation des mêmes objets qu'il est obligé d'importer lui-même à si grands frais. Il est même prudent de porter cette défense, dans l'instant même qu'il y a lieu de concevoir des inquiétudes.

Dans les temps de disette, il est assez or- dinaire d'entendre crier au monopole, et quel- quefois ces clameurs sont appuyées par un parti malveillant. Pour moi je regarde comme impossible d'accaparer, je ne dis pas la totalité, mais une partie notable des subsistances d'un état important, qui les tire de son sol; du moins si ce monopole avoit lieu, ce ne pourroit-être que de la part du gouvernement lui-même. Dans ce cas là tout est boulversé; ce fait est un véritable brigandage, qui viole ouvertement le pacte social, et qui doit l'anéantir au bout d'un temps très-court.

Dans les états, dont le sol ingrat ne produit pas la subsistance des habitants, le gouvernement a plus de soins à remplir; il ne suffit pas de laisser le commerce libre, il faut le surveiller, l'encourager, pour qu'il importe, et qu'il importe à temps les objets de nécessité. On peut ici craindre le monopole; mais il est aisé de le prévenir, et même de l'empêcher tout-à-fait en établissant, en favorisant la concurrence.

## CHAPITRE XVIII.

### *Des Finances.*

J'AI parlé des tributs en général au chapitre 15 du livre 3. Il est question ici de quelques détails rélatifs à l'administration des finances; ordinairement cet objet fait le département d'un ministre dans un grand État, et ce n'est pas le moins important.

En général les finannes sont composées : 1°. du produit des domaines réels, c'est-à-dire, du revenu ordinaire et casuel des terres, et possessions qui appartiennent à l'état ; ou ce qui revient au même, dans la plupart des monarchies, à la couronne; on comprend aussi en France, sous le nom de domaines le produit de certains droits, par exemple, les droits d'enregistrement, droits de mutation, patentes &c. mais, c'est mal à propos ; car ce sont là des impôts.

2°. Les finances sont composées des impôts ordinaires, ou extraordinaires. L'impôt ordinaire est celui établi d'ancienneté pour les dépenses ordinaires, l'extraordinaire a pour cause une dépense imprévue et forcée.

C'est toujours un mal d'être réduit à forcer ainsi l'état naturel des choses. Une bonne administration doit s'arranger pour faire des économies sur l'impôt ordinaire, pour servir aux cas extraordinaires ; c'est là un moyen assuré d'augmenter à la fois la confiance des administrés, et par suite le crédit public.

On distingue en général deux espèces d'impôt. L'impôt direct ainsi appellé, parce qu'il va directement du contribuable au trésor public, et l'impôt indirect, ainsi appellé, parce que le contribuable le paie indirectement à ceux qui en ont fait l'avance, ou bien à cause de la consommation, des jouissances etc.

L'impôt direct est foncier, s'il a pour base la propriété; il est personnel ou mobilier, s'il est payé par tête ou en raison de l'état du contribuable.

Selon la nature des choses, l'impôt direct est celui qui convient le mieux à la démocratie et au despotisme, et même l'impôt par tête, plutôt que l'impôt foncier; mais dans l'aristocratie et surtout dans la monarchie, il vaut mieux créer un impôt indirect, que d'augmenter l'impôt direct; et pour ce qui est de l'impôt direct, il vaut mieux augmenter les taxes personnelles que l'impôt foncier.

La raison de ceci, c'est qu'il faut toujours tenir au plus bas prix, les choses de nécessité première; or, cela n'est pas possible si l'impôt foncier est cher; le propriétaire ou le cultivateur ne le paieront sûrement pas en pure perte; ils augmenteront la denrée ou bien ils abandonneront la culture. S'ils paient, ce n'est donc qu'une avance qu'ils font; c'est le pauvre obligé d'acheter sa subsistance, qui definitivement supporte l'impôt foncier.

Au contraire tout ce qui est personnel, tout ce qui est indirect, et qui pèse sur le luxe, sur les jouissances, est payé sans inconvénient, et souvent avec plaisir. Cela tient à l'amour propre qui, je ne puis trop le répéter, est le grand ressort dans l'aristocratie, & plus encore dans la monarchie.

Il existe un moyen pris dans la nature des choses, pour tirer un grand parti des taxes personnelles. C'est d'établir des classes, et d'accorder des distinctions, des privilèges honorifiques en raison de l'ordre des classes. N'y eût-il que le droit de préséance, on verroit les hommes, de telle où telle profession, disputer pour être admis à payer davantage, afin d'être placés dans une classe supérieure.

Il faut suivre les mêmes règles pour asseoir l'impôt indirect; c'est-à-dire, décharger affranchir même, tout ce qui est de nécessité première, et rejetter le fardeau sur des objets de luxe. Ne craignez pas de nuire par là au commerce; plus les choses de luxe sont chères, et plus elles sont recherchées. La vanité est un fond assuré, et inépuisable pour un bon financier.

En agissant ainsi, on rentre d'ailleurs dans l'esprit des deux principes primitifs; chacun doit payer en proportion de ce qu'il a, puisque la garantie sociale s'étend dans la même proportion; par conséquent le riche doit plus que le pauvre. Or le moyen le plus sûr d'atteindre le riche, c'est de lui faire payer ses jouissances par l'impôt indirect.

Au reste quelle que soit l'espèce de l'impôt, il faut en assurer le recouvrement par les moyens les plus simples et les moins onéreux pour les contribuables. On a proposé bien des fois pour la France de percevoir en nature l'impôt foncier; c'est-à-dire, de faire une espèce de partage des fruits avec le cultivateur. Cette forme de perception présente des inconvénients sans nombre; je ne vois qu'un moyen, non pour les éviter tous, mais pour les rendre moins préjudiciables pour les contribuables et pour l'état lui-même; c'est d'établir une espèce de dixme, dont on feroit chaque année l'adjudication, non pas à une compagnie financière, obligée d'avoir des commis, mais à un habitant du canton, qui verseroit la somme directement au préposé du trésor public. Ce parti pourroit assurer et accélérer la rentrée de l'impôt; il éviteroit les frais de perception, et laisseroit dans chaque lieu les bénéfices légitimes que chaque adjudication peut présenter.

A l'égard de l'impôt par tête, ou capitation, il ne peut être payé qu'avec la monnoie courante, mais le recouvrement peut se faire sans frais par les contribuables, chacun à leur tour. On peut même tirer, sous un autre rapport, un grand avantage des rôles de cet impôt ; car ils peuvent donner le résultat exact de la population ; ils peuvent aussi aider dans chaque lieu à rappeller les mutations, les changements essentiels, et mêmes les naissances, les décès, les mariages, les absences, &c.

Il faut suivre les mêmes principes de facilité et d'économie pour les recouvrements des impôts indirects. Ainsi, à moins que la chose ne soit impraticable, il vaut mieux faire des adjudications particulières dans chaque lieu ou canton, que d'affermer ou mettre en régie. Ces corporations financières sont naturellement oppressives, parce qu'elles sont forcées à des frais considérables ; parce qu'elles n'ont pas de ménagements pour des individus, presque toujours éloignés et inconnus ; parce que le fermier ou régisseur veut faire des bénéfices énormes, et qu'il ne craint pas au loin les reproches ; enfin, parce que tous ces gros bénéfices sont amoncelés dans la même ville. L'expérience apprend que les fermes, ou régies générales, ne rendent jamais la moitié de ce qui est perçu, et cependant le contribuable est tourmenté, vexé par les commis ; les arts et le commerce sont entravés, gênés, et même détruits dans certains cas ; en sorte que l'état s'appauvrit insensiblement, pour faire la fortune d'un très-petit nombre d'individus.

## CHAPITRE XIX.

### *Des Loteries.*

UNE loterie est ordinairement un impôt déguisé; mais cet impôt est vicieux et immoral : il présente un appât trompeur à la multitude, puisqu'en supposant que tous les lots sortent, il reste toujours une partie considérable des mises en pur bénéfice pour la loterie. Ce jeu hazardeux est encore immoral, parce qu'il excite, par un fol espoir, la cupidité et la paresse; et que souvent il porte un être avide à sacrifier non-seulement son avoir, mais aussi celui des autres.

## CHAPITRE XX.

### *Des Dettes Publiques.*

LORSQUE le gouvernement, forcé par les circonstances, se décide à emprunter, c'est un impôt extraordinaire qu'il établit; d'où il suit que l'emprunt, sous quelque forme qu'il soit, doit être déterminé par une loi portée, avec les précautions et les formalités usitées pour l'établissement de l'impôt.

Il suit de ce que j'ai dit au chapitre 18, que c'est toujours un mauvais calcul pour le gouvernement d'emprunter, parce qu'il aggrave son sort futur pour fournir au besoin du moment ; mais en recourant à ce moyen extrême, il faut du moins calculer le mode d'emprunt.

Le parti de constituer des rentes est le plus onéreux, parce qu'elles augmentent un fardeau déjà trop pésant, et qu'elles absorbent ce qu'il y a de plus clair dans les produits; la gêne qui résulte de cette position, peut avoir des suites incalculables. L'emprunt viager double ordinairement cette gêne, mais pourtant il semble préférable, parce qu'il laisse entrevoir le terme d'un adoucissement. D'ailleurs, vu le grand nombre des prêteurs qui vieillissent à-la-fois, les chances sont ordinairement en faveur de l'état qui emprunte.

Les rentes perpétuelles, ou viagères, ne sont pas seulement onéreuses pour le gouvernement; elles ruinent insensiblement les individus. J'ai vu le temps où chacun préferoit une rente sur l'état à un bien fond. Alors le rentier étoit plus sûr d'être payé que le propriétaire foncier; il ne payoit pas, ou du moins il payoit très-peu d'impôt; il ne connoissoit, que par relation, les suites souvent trop funestes de l'intempérie des saisons, les accidents particuliers, les réparations, les non-valeurs ; mais aussi lorsque les choses sont dans cet état, les biens fonds baissent ; la culture est négligée, et souvent abandonnée ; le commerce est sans vigueur ; et il suit de tout cela, que le rentier paye plus cher les comestibles, et tous les objets dont il a besoin. Il est même probable qu'à la longue, le rentier perpétuel n'aura rien, ou presque rien, parce que sa rente ne doit pas augmenter, et qu'il est dans l'ordre que les choses augmentent de prix, à mesure que les valeurs réelles ou fictives s'accroissent, se multiplient. Enfin, si l'état suspend ses payements, s'il est forcé, par des circonstances impérieuses, à les cesser, le rentier se trouve ruiné sans ressource, et souvent aussi sans espoir.

Je dois ajouter encore que les rentes favorisent l'indolence ; qu'elles inspirent, ou entretiennent l'idée du célibat et du libertinage, et qu'ainsi elles corrompent les mœurs, sinon directement, au moins d'une manière indirecte, d'autant plus dangereuse, qu'elle est lente et presqu'insensible.

Si donc le gouvernement est absolument forcé d'emprunter, il vaut mieux qu'il le fasse par des engagements à terme, même quand il en coûteroit plus cher ; et à cet égard, un gouvernement loyal et exact trouve toujours du crédit.

## CHAPITRE XXI.

### *Du Crédit Public et du Change.*

Le crédit du gouvernement a pour base la confiance publique, qui est toujours libre et indépendante. On vient pourtant à bout de la fixer par l'exactitude et la loyauté, comme je viens de le dire.

Quand le gouvernement emprunte, il doit vouloir rendre et préparer des ressources pour cet effet; il faut les mettre en évidence; chacun alors calcule; c'est le résultat de ces calculs privés qui fait naître ou qui entretient et fortifie la confiance.

Une fois que le crédit public est bien établi, il est possible de s'en aider pour tenter les plus grandes choses; quelquefois même pour diminuer, par les seuls revirements, le fardeau de la dette ancienne.

Le change est comme le thermomètre du crédit public; car c'est plus encore par l'opinion des étrangers que par celle des membres de l'état, que le crédit public s'établit et se soutient. L'étranger calcule et juge toujours sans prévention. Quand sa confiance diminue, le change baisse, c'est-à-dire, que l'étranger donne moins qu'il ne donnoit précédemment sur un papier commerçable, soit que ce papier soit dû par l'état, soit qu'il doive être payé par un particulier. Ordinairement le papier du particulier gagne sur celui du gouvernement; mais il est rare que la perte sur le papier du gouvernement n'influe pas aussi sur le papier des particuliers.

## CHAPITRE XXII.

### *Des Monnoies.*

Il faut mettre la même loyauté dans la confection des monnoies; car ce n'est pas la volonté du gouvernement qui les fait valoir, c'est leur valeur intrinsèque.

Pourtant la commodité de la monnoie, sa rareté ou son abondance relatives, lui donnent aussi une valeur extrinsèque, qui augmente d'autant la valeur intrinsèque. Le gouvernement doit calculer exactement l'effet de ces causes extrinsèques, pour que l'état y gagne, s'il se peut, ou du moins qu'il n'y perde pas.

En général, la fonte et fabrication des monnoies n'est pas à charge; elle est plus que payée par la petite plus-value que l'on donne à la monnoie sur le lingot. Cela doit être ainsi et s'observe partout, ensorte qu'il y a compensation, ou à très-peu près.

La monnoie devient nécessaire, dès que l'état a quelque étendue. La voie des échanges présente trop de difficultés. Ordinairement chaque objet d'échange est sans valeur fixe, et plus souvent encore sans proportion. Et d'un autre côté, quel est l'homme qui possède assez d'objets pour fournir aux besoins variés, aux goûts et même aux fantaisies d'un autre homme? Avec la monnoie tous les embarras, tous les inconvénients disparoissent; elle offre un premier terme fixe, ensorte qu'il n'est plus question que de s'accorder sur le prix de l'objet à vendre. C'est-là le principe et l'objet du commerce, qui seroit très-difficile et le plus souvent impossible à faire sans le secours des monnoies.

---

## CHAPITRE XXIII.

### *De la Grande Police.*

QUAND le gouvernement est assuré au sujet des subsistances et des finances, il n'a plus, pour ainsi dire, qu'un soin à prendre dans l'intérieur, c'est de contenir les ambitieux, les intrigants, les méchants de toute espèce, non pas dans le rapport qui existe de l'un à l'autre, c'est-là l'affaire des tribunaux, mais dans le rapport d'eux à l'état. Cette surveillance est ce que l'on appelle la grande police.

Ainsi le gouvernement doit prévenir, et dans le péril empêcher même par la force, toute entreprise qui porte atteinte au pacte social, c'est-à-dire, tout ce qui tend à troubler l'ordre établi, et tout attentat de vive force contre la liberté et la propriété des individus.

Je dis prévenir pour le cas où les circonstances le permettent; car souvent il suffit d'éventer un projet, pour le faire échouer; je dis empêcher, pour le cas d'une sédition, d'une révolte décidée.

Je ne dis pas juger, parce qu'encore une fois, et je ne puis trop le répéter, le prince ni ses ministres (non plus que le sénat dans l'aristocratie) ne peuvent juger dans aucuns cas. S'il arrive donc qu'il faille juger, appliquer des peines; le gouvernement doit renvoyer devant les tribunaux légalement établis.

## CHAPITRE XXIV.

### *De l'Autorité Judiciaire.*

L'AUTORITÉ judiciaire est celle de la loi même, appliquée librement à un cas particulier par le juge légalement institué.

Je dis appliquée librement, parce qu'il est de l'essence du juge d'émettre librement son opinion, quand même elle seroit fautive.

Pourtant cette liberté n'est pas indéfinie ; elle est limitée par la loi même. Ainsi le juge ne peut juger contre sa disposition précise.

Je dis par le juge légalement institué, parce que, encore une fois, on ne peut appeller juge que celui qui est institué par l'autorité de la loi, après avoir subi les épreuves et rempli toutes les conditions qu'elle a prescrites.

## CHAPITRE XXV.

### *Du Conseil ou Tribunal d'Inspection ou Cassation.*

LA condition imposée au juge de se conformer à la loi, et de suivre les formalités qu'elle a prescrites, suppose une autorité supérieure qui peut, non pas juger, mais anéantir le jugement, s'il présente quelque violation, pour renvoyer à d'autres juges. J'ai déjà dit au chapitre 5 de ce livre, que ce droit appartient au prince dans la monarchie, moins comme magistrat que comme administrateur et chef de l'ordre public.

D'un autre côté, il peut arriver qu'il existe des causes graves de récusation ou de suspicion

tion contre certains juges, et même contre un tribunal entier; il faut bien, dans ce cas, déterminer à quels juges les parties s'adresseront.

Sous ces deux rapports généraux, il faut qu'il existe un tribunal supérieur, auquel on puisse recourir. Ce tribunal, fût-il composé de simples commissaires, est sans danger, parce qu'il n'a pas droit de statuer sur le fond du procès.

Le recours en cassation n'entraîne pas de grands inconvénients au civil, parce qu'il ne suspend pas l'exécution du jugement. Au contraire, la suspension est naturelle et comme forcée, au criminel sur-tout s'il s'agit d'une peine capitale. Cependant, comme je l'ai dit ailleurs, l'intérêt public demande impérieusement que la punition soit prompte. Comment donc concilier ici l'intérêt public et l'intérêt privé?

D'après les formes usitées aujourd'hui, cela est difficile, et le plus souvent impossible, surtout à cause de l'éloignement des tribunaux. Mais il existe un moyen facile, selon moi, c'est d'obliger le condamné à adresser sa pétition, non à un tribunal voisin, ce qui entraîneroit les mêmes inconvénients, les mêmes dangers, mais au tribunal civil du même lieu, composé, si l'on veut, de plus de juges que pour le civil. S'il se trouvoit réellement une violation, ce tribunal accorderoit un sursis, et renverroit au tribunal de cassation. Si, comme cela est ordinaire, la pétition, n'avoit d'autre objet que de gagner du temps, le tribunal la rejetteroit. Ces pétitions, qui sont aujourd'hui si multipliées, deviendroient par ce moyen très-rares ; du moins elles n'entraîneroient pas les inconvénients majeurs, qui en sont les suites inévitables dans l'état actuel des choses. D'un autre côté, les droits du tribunal de cassation seroient conservés, et on lui épargneroit un travail immense et presque toujours inutile.

---

## CHAPITRE XXVI.

### *Des Tribunaux Civils.*

J'AI dit au chapitre 5 de ce livre que dans la monarchie (les principes sont les mêmes pour l'aristocratie), c'est le prince qui doit instituer les juges. Je dois ajouter ici que ce droit d'institution est tel par sa nature, que le prince ne peut le concéder : la raison, c'est qu'il fait partie de l'exercice de la souveraineté, et que le peuple n'a pas voulu diviser cet exercice, ni le déléguer à plusieurs ; à l'un, par exemple, pour l'administration générale, et à l'autre pour l'administration judiciaire.

Il suit de là, comme je le soutenois long-temps avant la révolution, que les justices seigneuriales étoient abusives, quel qu'en eût été le principe, concession ou usurpation.

Il suit encore de là, que celui-là seul a le caractère de juge, qui l'a reçu du prince, et qui juge à la décharge du prince. Les juges seigneuriaux n'étoient donc pas des juges proprement dits. Ils étoient d'ailleurs amovibles, et par conséquent dépendants : nouveau motif, ainsi qu'on le verra bientôt, pour leur contester ce caractère.

Il faut assez de tribunaux, mais il n'en faut pas trop. Les deux extrêmes sont également nuisibles. Tout est bien, quand, pour les affaires courantes et légères, le plaideur peut se rendre auprès du tribunal, et revenir chez lui le même jour ; il ne fait pas, ou du moins il fait peu de frais, et ses occupations ordinaires ne sont pas dérangées. Je parle ici, comme on le conçoit, du premier degré de jurisdiction.

Il est de nécessité qu'il y ait au moins trois juges sur le siège ; car c'est le seul moyen d'assurer le condamné, qu'il y a au moins deux opinions contraires à la sienne. Une opinion unique, en termes rigoureux, n'est pas un jugement. Cette opinion unique n'est jamais débattue, car le débat des parties intéressées n'est rien : la véritable discussion est celle qui s'engage en[illegible] juges, qui sont sans intérêt personnel.

## CHAPITRE XXVII.

### *Des Juges de Paix et des Bureaux de Paix.*

CES institutions nouvelles ont plus pour objet de concilier les différends que de les juge[r]. Déjà on a senti l'inutilité des bureaux de conciliation près les tribunaux; ils sont supprimé[s]. Les juges de paix ne sont pas plus utiles sous c[e] rapport. Il peut même arriver que cette formalité préalable soit un déni de justice dans un ca[s] très pressé.

Si je considère le juge de paix comme jug[e] pour les affaires modiques et courantes, je di[s] qu'il vaudroit mieux, puisqu'il faut se déranger se rendre à un tribunal, qui donneroit régulièrement audience, et où l'on seroit sûr d'être jugé que de courir après un juge de paix, qui souven[t] est éloigné; qui force le demandeur à reveni[r] au moins deux fois; qui souvent encore n'es[t] pas chez lui le jour même qu'il indique, parc[e] qu'il est obligé de courir à son tour pour de[s] scellés ou autres actes pressants; qui, s'il est là ne peut quelquefois rassembler ses assesseurs qui, s'il les rassemble, n'a pas une fois sur cen[t] l'occasion de s'aider de leurs lumières; qui es[t] obligé, par la nature de son institution, à des explications, à des colloques incompatibles avec la sévérité judiciaire. Que dis-je, sévérité! Ce juge ne peut jamais en montrer, sans s'attirer des reproches et souvent la haine des plaideurs. Tous ces iuconvénients ont lieu sur-tout dans les campagnes, et ils ont lieu tous les jours, même quand le juge de paix a de la capacité. Or ceux-là ne sont pas le grand nombre. Supposez maintenant, au lieu d'un juge de paix, un tribunal par canton; ne fût-il que de trois juges; tous ces inconvénients et beaucoup d'autres disparoissent, sur-tout si vous exigez, pour l'institution de ces juges, le tout ou partie des conditions dont je parlerai au chapitre 36.

A l'égard des objets de police on jugera, par ce que je dirai au chapitre 31 de ce livre, qu'elle convient mieux à l'officier municipal; cela est déjà sensible, par la seule raison qu'il est sur le lieu, tandis que le juge de paix en est souvent très-éloigné.

---

## CHAPITRE XXVIII.

### *Des Tribunaux Criminels.*

C'EST la bonté des loix criminelles, qui fait le dernier rempart de la liberté, de la propriété. C'est ici sur-tout qu'il importe de tenir la main à la stricte observation des formalités prescrites par la loi; par-tout on est d'accord sur ces principes; mais on n'est pas d'accord sur les formalités elles-même; elles sont différentes dans presque tous les gouvernements.

En France, par exemple, on a depuis peu changé totalement les anciennes formalités; la nouvelle méthode est-elle préférable? je dois le croire et m'y soumettre; mais pourtant j'ai le droit de présenter à ce sujet mes réflexions.

On a dans un temps beaucoup crié contre le dernier code criminel; mais à le considérer dans son ensemble, c'est peut-être la loi la plus complette, la plus sage et la plus douce, de toutes celle portées dans le siècle dernier; c'est beaucoup dire assurément; car, je le répète, il n'est pas donné aux hommes d'atteindre à la perfection. Chaque article pour ainsi dire, anonce le désir de trouver un innocent plutôt qu'un coupable. Dès le premier pas, voyez quel respect pour la liberté, dans les conditions exigées pour l'arrestation d'un domicilié. Le respect pour la propriété n'est pas moins sensible, ce n'est qu'après des interpellations réitérées, après des publications, qu'il est permis d'annoter les biens. Combien de conditions, combien d'actes successifs, et concordants pour faire la preuve exigée! il faut entendre les témoins à décharge comme ceux qui chargent. Si un témoin meurt avant la confrontation, tout ce qu'il a pu dire, est inutile. S'il y a difficulté sur l'application de la peine, c'est toujours l'avis le plus doux qui prévaut. Si la peine est grave, l'appel est de droit; l'affaire doit-être vue par d'autres juges, l'accusé entendu par sa bouche, et jugé de nouveau. S'il meurt avant le jugement final, il est censé mort innocent &c. &c.

Mais, dit-on l'instruction et le jugement même sont des actes secrets. D'ailleurs ce code suppose que le prince peut faire grace.

Bien des individus, à la manière, dont cette objection est présentée, peuvent croire, que la plupart des actes de l'instruction, sont ignorés de l'accusé, et qu'il est, pour ainsi dire, jugé sans s'en douter. Or cela n'est pas. L'accusé est appellé, il est présent à tous les actes, et qui plus est, à toutes les parties, à tous les fragments de chaque acte; il n'y a pas un seul mot sur lequel il n'ait droit à deux ou trois reprises de s'expliquer, pas une déposition, qui passe, sans qu'il ait fait ses observations ou renoncé à en faire; et ces observations, l'homme le plus obtus peut les faire; tout consiste à dire oui ou non. Si l'accusé est fondé à nier, quelque simple que vous le supposiez, il ne manquera pas d'ajouter à sa dénégation les circonstances qui peuvent l'appuier, et détruire l'assertion du témoin. Ce n'est pas tout, l'accusé est appellé et interrogé de nouveau devant *tous les juges* (*a*) avant le jugement; il a droit de se défendre verbalement et par écrit : il peut produire des pièces, articuler des faits &c. Ce droit qu'il a devant les premiers juges, il l'a de même sur l'appel.

On peut dire il est vrai que l'accusé peut ignorer, si les actes de l'instruction sont réguliers; mais on pourroit sans inconvénient, lorsque la procédure est achevée, donner à l'accusé la faculté de la faire vérifier par un conseil, pendant le délai, qui seroit fixé par le juge, eu égard aux circonstances, et à la quantité de pièces.

## CHAPITRE XXIX.

### *Des Lettres de Grace et autres.*

A L'ÉGARD du droit de faire grace, ce n'étoit pas dans l'ancienne législation un privilège, une prérogative; c'étoit la conséquence forcée du principe, alors pratiqué au criminel

(*a*) Cela seul répond à la supposition fausse et absurde que le juge, qui fait l'instruction, peut s'entendre avec le greffier, pour fabriquer des preuves, là où il n'y a ni crime ni criminel.

comme au civil, que le juge doit juger selon la loi; qu'il doit l'appliquer au fait prouvé, sans examiner les circonstances, sans juger l'intention du prévenu, sans restriction ni limitation. On pensoit alors que la loi est presqu'inutile, quand son application dépend de l'opinion particulière, et de la volonté arbitraire du juge. On pensoit qu'elle doit s'exécuter, tant qu'il n'y est pas dérogé expressément. Or cette dérogation ne pouvoit-être accordée que par le prince, regardé alors comme le premier auteur de la loi. Du reste cette dispense n'étoit pas absolue; il falloit qu'elle fût entérinée par le juge; et cet entérinement, le juge pouvoit le refuser, si l'exposé se trouvoit faux, ou si le crime n'étoit pas graciable selon la loi.

## CHAPITRE XXX.

### *De l'Instruction publique, du Jury et de la question intentionnelle.*

CES nouvelles formes, sont a-t-on dit, plus favorables à l'accusé; l'expérience le prouve. Mais l'accusé n'est qu'un individu; avant de voir son intérêt, il faut voir l'intérêt public: l'humanité me dit qu'il vaut mieux sauver dix coupables, que de faire périr un innocent; l'intérêt public reclame des formes, telles que les dix coupables soient punis et l'innocent acquitté. C'est d'après ce principe qu'il faut juger dans tous les gouvernements, des loix et de formes criminelles.

Les formes actuellement pratiquées en France, sont prises des anglois; mais le françois n'es pas fait pour l'imitation : toujours il veut dépasser le modèle, et cela le plus souvent gâte tout. Ainsi, par exemple en Angleterre, la fonction de juré est honorable et enviée. En France et sur-tout dans les campagnes c'est une corvée, que l'on n'acquitte qu'avec répugnance et pour sauver l'amende, et cela malgré la dépense énorme que fait le gouvernement pour payer une foible indemnité à chacun des jurés. Ceci dépend de la composition du jury; là il y a du choix; ici tous sont appellés, sont supposés probes, éclairés, en un mot capables. En Angleterre les jurés sont obligés de juger d'après les *preuves légales*; ce qui suppose au moins qu'ils entendent ces deux mots; ici le juré peut négliger les formes; il n'a pas besoin de preuves juridiques, s'il croit en conscience qu'il peut s'en passer; s'il a par lui-même, ou par des considérations indépendantes de l'instruction, ce qu'il croit une conviction suffisante. C'est l'abus de ce principe nouveau, qui a fondé l'autorité monstrueuse des tribunaux révolutionnaires.

Je le répète, mon intention n'est pas, ni d'attaquer, ni même de critiquer l'institution; je veux seulement rappeller une partie des inconvénients, pour que l'on y remédie s'il est possible.

Je suppose qu'il existe un corps de délit bien constaté, et que le prévenu est arrêté, ( je vais vîte comme l'on voit, car ceci exige déjà bien des actes faits par un homme capable ), il est conduit chez le juge de paix, qui peut l'interroger, entendre, s'il le croit à propos des témoins; mais enfin si le juge de paix le renvoye, tout est fini. Il ne faut là, ni lettres de grace, ni vérification, ni entérinement.

Si le juge de paix renvoie au jury d'accusation, ce jury ne peut pas condamner, mais d'emblée il peut aussi renvoyer l'accusé: il le peut même, quand il existeroit déjà des preuves écrites, dans les actes du juge de paix ou du directeur du jury; car il n'est pas permis de lire ces actes aux jurés; il le peut sans voir, sans interroger l'accusé qui ne paroît pas; il le peut enfin, sans conférer ni avec le directeur du jury, qui doit se retirer pendant la délibération; ni avec l'accusateur public, qui est aussi obligé de sortir. Pour avoir cet heureux résultat;

il suffit souvent que l'accusé fasse dire un mot à un seul témoin, ou bien que ce témoin s'explique mal, qu'il omette même involontairement une circonstance importante. etc.

Si le premier jury admet l'accusation, tout ce qui s'est fait jusque là devient inutile ; c'est du temps et de l'argent perdu, l'accusé reste en prison, pour attendre le jury du jugement : il s'assemble enfin ; voyons quel doit être le résultat.

Il entend d'abord les témoins, et il les entend publiquement. Cette publicité, a-t-on dit, les empêche de mentir; mais malheureusement elle les empêche aussi très-souvent de dire la vérité, ou de la dire toute entière. Souvent même dans l'instruction secrette, la crainte de l'accusé, de ses parents, de ses coteries gênoient la liberté des témoins. Cet inconvénient augmente nécessairement par la publicité. D'ailleurs il est désagréable, souvent même il est très difficile à certaines personnes de s'expliquer devant un auditoire nombreux qui les intimide ; devant un accusé toujours prêt à dénier, à apostropher, et même à insulter le témoin; ainsi, dès le premier pas l'instruction est gênée, entravée ! Avançons.

On n'écrit rien ; il peut arriver qu'un témoin contrarie, celui qui l'a précédé, sur le tout ou sur partie des circonstances essentielles. Ainsi plus les dépositions se prolongent et se multiplient; moins il est aisé de se faire des idées précises et assurées ; cela est difficile surtout à des hommes qui n'ont pas l'habitude de juger, et qui ne sçavent pas le plus souvent ce que c'est qu'une preuve, c'est-à-dire ce qui la compose. Dans l'embarras où ils sont, il est naturel qu'ils inclinent par préférence pour l'absolution, et c'est aussi ce qui arrive dans tous les cas épineux.

Si dans les faits simples, le corps du délit est bien constant; sil'accusé est bien convaincu d'en être l'auteur, il reste à juger une question plus difficile, je veux dire la question intentionnelle. C'est ici qu'il fant péser les circonstances, juger le moral de l'accusé, sonder les replis de son ame], pour connaître quelle étoit sa véritable intention alors qu'il a agit.

J'ai entendu soutenir sérieusement que cela est facile, même à des artisans, à de simples ouvriers, à ún homme travaillant habituellement à la terre: je veux le croire, mais il faut aussi m'accorder que ces hommes là sont généralement plus sensibles que judicieux, plus foibles que sévères, plus touchés du sort du patient qui les frappe actuellement, que de l'intérêt public qu'ils ne voyent pas;

ainsi pour peu qu'il y ait d'ouverture, ils seront naturellement portés à sauver l'accusé; je dois dire le criminel, puisqu'il est déjà convaincu.

Plus je réfléchis, et plus je vois de choses à dire sur ce sujet ; par exemple, sur les boules noires et sur les boules blanches, qui dispensent le juré de s'expliquer, de motiver son opinion; qui rendent inutiles les réflexions lumineuses que pourroit faire un autre juré; qui abandonnent tout à l'arbitraire; qui enfin peuvent présenter, par l'effet d'une simple erreur, un résultat opposé à la volonté même de celui qui a mis la boule.

Combien de choses à dire encore sur le danger d'accorder toujours la prépondérance à la minorité, et à une minorité d'autant plus petite que les crimes sont plus atroces.

Combien de choses à dire enfin sur la nature, sur la convenance et l'application des peines? Mais tous ces objets, malgré le grand intérêt qu'ils présentent, ne peuvent entrer dans mon plan. Je me hâte d'y revenir. J'abandonne à présent les considérations d'intérêt public, pour examiner les formes actuelles, eu égard à l'intérêt personnel de l'accusé.

Comme le procès se fait verbalement et à la hâte, l'accusé n'a presque pas le temps de la rélexion pour répondre, pour se défendre. S'il se trouble, s'il lui échappe des observations importantes, par exemple, un fait d'*alibi*; si, de son côté, les témoins omettent des circonstances utiles, sur-tout pour décider la question intentionnelle; tout est perdu, et perdu sans essource; car il n'existe plus, ni d'appel, ni le révision. Le jugement est irrévocable, si la orme a été gardée; il n'est plus permis de penser à la justification du condamné, quand même un heureux hazard feroit retrouver le véritable riminel.

La loi nouvelle donne un défenseur à l'accusé; il faut applaudir à cette sage disposition; nais le plus souvent le défenseur n'est pas en tat de s'expliquer sur des faits, sur des circonstances dont il entend parler pour la première ois; et il ne peut, ni interroger son client sur ces faits nouveaux, ni recevoir ses réponses, ses explications pendant les débats qui existent, qui doivent durer sans désemparer jusqu'au ugement.

Le droit accordé à l'accusé, de récuser une partie des jurés, est illusoire, si l'accusé ne connoît pas le moral de ceux qui sont inscrits sur la liste; il peut devenir dangereux s'il le connoît, parce que l'accusé écarte par ce moyen les jurés qui ont des principes, et qui sont capables d'y tenir.

J'ai déjà parlé, au chapitre 25 de ce livr du recours en cassation, au criminel. J'ajoû ici, que la mesure que j'ai proposée, d'adress d'abord la pétition au tribunal civil du lie obvieroit à un autre inconvénient fâcheux po les hommes sensibles; celui de prolonger la d'un homme qui sçait qu'il est condamné mort : car les angoisses inséparables de cet éta quand elles sont prolongées, peuvent deveni pour certains individus, plus cruelles que supplice même.

---

## CHAPITRE XXXI.

### *De la Police privée, ou petite Police.*

Le tribunal civil prononce sur une demand le tribunal criminel, sur une accusation ; la p lice privée agit le plus souvent d'elle-même, sans réquisition expresse.

Ceci suppose la connoissance exacte du loca des personnes qui l'habitent, et d'une foule convenances et de détails particuliers.

Sous ce rapport, la police privée est u espèce de jurisdiction domestique; son obj est de maintenir le bon ordre et la paix dans lieu où elle s'exerce beaucoup plus par d précautions prises à l'avance, que par d condamnation condamnations contre les contrevenants.

Il suit de là que cette jurisdiction convient à celui ou ceux qui sont chargés des affaires communes, c'est-à-dire, aux Maires, Syndics ou autres municipaux, sauf le recours, pour les objets importants, aux tribunaux institués pour les appels. Cet usage introduit autrefois dans les pays de Flandres et d'Artois, a généralement produit de bons effets.

---

## CHAPITRE XXXII.

### *Des Tribunaux d'appel.*

SANS doute il est à désirer que toutes les injustices et les erreurs soient réparées ; mais pourtant il ne faut pas conclure de là, que l'appel doit avoir lieu dans tous les cas indistinctement.

En général, toute espèce de condamnation blesse plus ou moins l'amour-propre du condamné ; et, je le répète, l'amour-propre est un mobile plus puissant encore que l'intérêt pécuniaire. Il est donc possible que ce seul motif porte à appeller. La loi doit prévoir cet inconvénient, en restreignant l'appel aux seuls objets véritablement intéressants.

Tout ce qui tient à l'état civil de l'individu et à sa réputation, est inappréciable. L'appel ne

P

peut être interdit, quand le premier jugement est relatif à ces objets.

Il en est de même de tout ce qui est relatif aux mœurs et à l'ordre public. Dans ces cas, ce n'est pas la valeur de la chose, c'est la narure du droit qui doit décider; car l'ordre public est aussi sans prix.

Mais dans les procès, dont l'objet est certain et déterminé, comme, par exemple, la propriété d'une chose même réelle, le paiement d'une créance, il est naturel, il importe même au bon ordre d'interdire l'appel, toutes les fois que cet objet, par son peu d'importance, ne doit pas influer essentiellement sur la fortune ou sur l'état civil de l'individu.

La difficulté est d'adopter une règle, pour se déterminer sur cette dernièr econdition; car ce qui fait la fortune d'un individu n'est souvent rien ou presque rien pour un autre.

En général la loi, qui prohibe l'appel pour les affaires d'un intérêt modique, est plusenfaveur du pauvre qu'en faveur du riche; carcelui-ci est bien plus dans le cas que le pauvre de supporter les désagréments et les frais de l'appel. C'est donc l'intérêt des classes inférieures, qui doit être considéré dans ce cas-ci. Tout compensé, il y a plus de moitié des individus qui sont obligés de plaider, qui n'ont pas, soit par leur travail, soit par leurs propriétés, un revenu égal à la valeur de cinquante quintaux de froment, ou qui du moins ne peuvent pas perdre cette valeur, sans déranger beaucoup leurs affaires. C'est, suivant les prix ordinaires, une somme de 500 livres valeur métallique. C'est là, je crois, le terme d'où l'on peut partir. Si l'on croit devoir adopter un prix plus haut dans certaines affaires, il ne faut pas qu'il dépasse de beaucoup. Je parle d'une valeur en bled, parce que la valeur des monnoies est sujette à varier. Quand la loi indique un terme, il faut qu'il soit certain, invariable comme elle.

Le droit d'appel, par la nature des choses, est limité, c'est-à-dire, qu'il ne doit avoir lieu qu'une fois. Si, par des raisons particulières, il existe trois degrés de jurisdiction dans l'institution et la composition des divers tribunaux, il faut que le second degré juge en dernier ressort toutes les affaires sur lesquelles le premier degré a pu statuer, et que toutes les affaires majeures soient portées directement au tribunal du second degré, pour être jugées sur l'appel au tribunal du troisième et dernier degré; ensorte qu'il n'y ait jamais que deux jugements dans tous les procès.

Il est sensible que le tribunal d'appel doit

être plus nombreux que le tribunal dont la décision est soumise à l'appel : car, s'il n'y a que le même nombre de juges, et qu'ils décident autrement que les premiers ; qui peut assurer qu'ils ont mieux vu, qu'ils sont plus infaillibles ? Il peut même arriver dans ce cas, et cela très-naturellement, et sans mauvaise intention, que la minorité des opinions fasse la décision finale. Cela est bien évident, si le premier jugement a été rendu à l'unanimité, et qu'il n'y ait pas d'unanimité pour la réformation. Quand le nombre des juges d'appel est triple ou au moins double, d'une part la présomption est qu'il y a plus de lumières, et d'autre part il y a plus de difficulté pour tenter les moyens de corruption.

Il est encore dans la nature, que le tribunal d'appel ait une autorité légitime sur le tribunal inférieur ; car autrement c'est en vain qu'il réforme, qu'il rappelle les vrais principes ; chaque tribunal aura les siens ; chacun conservera son esprit, ses usages, et il y tiendra d'autant plus qu'il sera contrarié : car, sur ce point, les corps égaux en pouvoir ont encore plus de susceptibilité, et même d'opiniâtreté, que les individus ; ensorte que la loi, qui est une, sera entendue, appliquée, exécutée diversement, et que le sort des plaideurs peut dépendre de l'esprit, du sentiment particulier, et peut-être même de l'humeur du tribunal où ils sont forcés de plaider.

Cet inconvénient n'est pas funeste seulement pour le plaideur; il contrarie, il gêne, il entrave l'ordre public; car les tribunaux participent nécessairement à l'administration, au moins dans tout ce qui tient à la grande police. Il importe donc qu'il y ait entr'eux, sous ce rapport, de la relation et du concert; et cela ne peut avoir lieu que par l'établissement d'un tribunal supérieur, qui soit comme leur centre commun, qui soit respecté, et qui soit obéi sans contradiction et sans retard.

## CHAPITRE XXXIII.

### *Des Tribunaux institués pour certaines affaires.*

C'EST presque toujours un mal qu'il y ait des tribunaux particuliers pour certaines affaires. Il en résulte souvent que les individus, même de bonne foi, ne sçavent où et à qui s'adresser; puis des procès en réglement de juges, des incidents sans fin sur les déclinatoires, la compétence, etc.

Je ne veux pas dire ici qu'il ne faut qu'une seule chambre, et que cette chambre juge elle seule toutes les affaires pêle-mêle, comme elles se présentent. Je pense, au contraire, qu'il doit y avoir plusieurs chambres ou sections, et que chacune adopte un genre de travail. Mais je pense aussi que toutes ces chambres ou sections ne doivent composer qu'un seul et même tribunal.

Je n'en excepte, ni les Amirautés, ni les Eaux et Forêts. Si ces parties exigent des officiers chargés spécialement des visites, par exemple, ils existeront aussi bien comme officiers du tribunal ordinaire, que comme officiers d'un tribunal séparé.

Je n'excepte pas même les tribunaux de commerce. Il est souvent nécessaire que les marchands y soient admis comme juges. Mais où est donc l'inconvénient d'obliger ces marchands à se rendre au tribunal ordinaire, pour se réunir à un ou plusieurs des juges ? Pourvu qu'il y ait pour juger autant de marchands que de juges, il n'y a plus d'influence à craindre. D'ailleurs il y a beaucoup d'affaires que cette chambre ainsi disposée pourroit juger, et qu'elle est tenue, si les marchands seuls la composent, de renvoyer au tribunal ordinaire, par exemple, les faillites et leurs suites.

## CHAPITRE XXXIV.

### *De la Vénalité.*

Elle a été établie par un génie financier, j'en demeure d'accord : mais dans le dernier état des choses, en France, étoit-elle donc si nuisible? Je ne le crois pas. Je dis plus; je crois qu'elle faisoit généralement plus de bien que de mal. Voici ma raison.

Pour acheter une charge quelconque, il falloit avoir de quoi la payer, ou du moins du crédit.

De ce qu'un homme est riche, il ne s'ensuit pas qu'il est capable; mais il s'ensuit ordinairement qu'il est au-dessus des premiers besoins. Or, je le répète, un homme, dans ce cas-là, est moins sujet à la corruption; il a généralement reçu plus d'éducation; il a eu plus de facilités pour arriver au bien.

Que s'il achète à crédit, c'est qu'il a sçu s'en faire un par les preuves qu'il a données de sa capacité, de sa bonne conduite; et, sous ce rapport, la présomption est encore à son avantage.

Il faut ajoûter, que cette finance, dans certains cas, donne de l'importance à l'état de l'individu, à sa profession; elle forme un préjugé imposant pour la multitude, qui ne peut connoître le mérite, mais qui sçait calculer : enfin, dans plusieurs cas, elle garantit la confiance qu'elle a inspirée.

## CHAPITRE XXXV.

*De l'Inamovibilité.*

J'AI dit au chapitre 24, qu'il est de l'essence du juge d'émettre librement son opinion, fût-elle même fautive. Or il est certain que le juge n'a pas une liberté convenable, s'il n'existe que précairement; s'il peut être destitué à volonté, ou à une époque déterminée.

D'ailleurs, pour remplir convenablement ce ministère important et difficile, il faut s'y disposer par de longues et pénibles études; il faut renoncer à toute autre profession. Or, je le demande, est-il naturel de faire tant de frais, de prendre tant de peines, pour parvenir à un état amovible, à un état temporaire?

En un mot, je crois que l'inamovibilité tient à l'essence du juge. Si elle n'existe pas, vous aurez des hommes pour qui tous les états sont bons. Tel est disposé à prendre place pour un seul jour, si c'est assez pour en tirer du profit.

Du reste, parce qu'un juge est inamovible, ce n'est pas à dire qu'il soit au dessus de la loi; il y est soumis plus qu'un autre encore; car il doit donner l'exemple. Si donc il se permet de la violer comme juge, il s'expose à toute sa rigueur. Tel est le principe qui a fait conserver, dans certains cas, la prise à partie contre le juge. Il peut même être poursuivi par la voie criminelle, quand la prévarication est grave ; et si elle est prouvée, c'est alors qu'il doit non-seulement être destitué, mais puni avec la dernière sévérité.

## CHAPITRE XXXVI.

### *Des Conditions préalables pour parvenir aux Magistratures.*

SUR ce point on ne peut rien imaginer, qui n'ait été prévu en France, par les loix anciennes et les usages des tribunaux. La loi exige des études, des épreuves réitérées ; elle exige pour les magistratures importantes, que le candidat ait préalablement rempli d'autres fonctions ou magistratures inférieures ; elle exige trente et même quarante ans, pour les magistratures du premier rang ; enfin elle exige, pour toutes les places quelconque, la preuve non-seulement de la capacité du candidat, mais de sa probité, de la pureté de ses mœurs ; elle veut un homme idoine et irréprochable.

A l'égard des usages ils concourent au même but. C'est ainsi par exemple, que l'on exigeoit

pour certaines places, que le candidat eût un certain avoir, d'un côté pour qu'il n'avilît pas indirectement ses collègues aux yeux de la multitude, qui encore une fois, ne juge que que par l'app arence;d'un autre côté pour que le candidat fût au-dessus des moyens de corruption.

C'est ce dernier motif, qui a la même influence dans tous les pays, qui fait qu'en Angleterre, par exemple, toutes les magistratures, tous les postes importants sont toujours donnés par préférence à un homme riche. Je ne puis trop le répèter, la richesse ne donne pas le mérite, mais elle suppose l'éducation, et les facultés, sans lesquelles le mérite est comme le diamant qui reste enfoui.

Du reste pour maintenir les magistrats dans l'état qui leur convient, il existe un moyen infaillible, et il n'est ni coûteux, ni difficile; c'est de n'accorder aucunes dispenses; ce sont les dispenses d'études ou d'interstices, d'âge, de service préalable, de parenté etc., qui ont insensiblement tué l'ancienne magistrature, au moral comme au physique.

## CHAPITRE XXXVII.

*Qu'il est impolitique dans la Monarchie, ou l'Aristocratie, de vouloir qu'un Magistrat soit Noble, ou que sa place donne la Noblesse.*

LE plus ferme appui de l'autorité des juges, c'est la confiance du peuple, et en général la confiance suppose du rapprochement, du rapport entre les individus. Plus ce rapport est intime, plus il présente d'analogie, plus la confiance augmente. C'est aller directement contre ce principe, que d'appeller un noble pour une certaine magistrature, ou bien d'attacher l'ennoblissement à l'exercice de cette magistrature. Le roturier qui plaide contre un noble, devant un juge noble, est presque toujours porté à la défiance, pour ne rien dire de pis. Cette impulsion est naturelle; s'il étoit lui-même sur le siège, il inclineroit pour celui qui est de son état. Voilà pour l'intérêt privé.

Sous le rapport d'intérêt public, le motif de certains tribunaux pour refuser l'admission à celui qui n'est pas noble, est fondé uniquement sur la vanité particulière de la corporation. Or cette vanité privée est anti-sociale; parce qu'insensiblement elle devient un germe de discorde dans la grande famille.

A l'égard de l'ennoblissement par charge, il faut y appliquer ce que j'ai dit au chapitre 15 du livre 3. Ce sont ces ennoblissements trop multipliés, qui détruisent enfin la noblesse.

Sans doute, il faut que la véritable noblesse se perpétue, se multiplie. Dans la monarchie sur-tout, il faut que l'état puisse accorder cette récompense d'honneur, non-seulement au militaire qui s'expose au péril, mais au magistrat, souvent aussi utile dans l'intérieur que le guerrier au dehors. Il est même juste d'étendre cette faveur, aux hommes de toutes les classes, qui ont rendu des services signalés à la chose publique : ces ennoblissements pour des causes réelles et légalement constatées, ont été et seront toujours honorables ; tandis que le fils de l'ennobli par charge, est presque toujours honteux de citer l'origine de sa noblesse.

On conçoit bien, que je ne veux pas dire, que les magistratures sont incompatibles avec la noblesse; je pense au contraire qu'elles conviennent autant et plus encore au noble, qu'à celui qui ne l'est pas; je dis ceci, sur-tout, pour les monarchies, où le corps des magistrats forme à lui seul, le contrepoids direct de l'autorité du prince; car plus l'état de ces magistrats est important et relevé, plus ils ont aussi de facilités pour se faire entendre; plus le prince doit avoir de confiance dans leurs observations.

Il faut même qu'il y ait absolument des nobles parmi les corps de magistrats; car non-seulement les nobles pourroient à leur tour concevoir des inquiétudes; mais à la longue ils pourroient perdre leur qualité même, par l'effet de la jalousie individuelle, qui, de proche en proche, deviendroit l'esprit général de la compagnie.

En un mot, tout ce que je veux dire ici, c'est qu'il ne faut pas exiger que tous les membres d'un tribunal quelconque soient nobles, lors de leurs admission, ou annoblis par le seul exercice de la magistrature.

## CHAPITRE XXXVIII.

### *Que le Magistrat ne doit pas commercer.*

LES fonctions de magistrat sont incompatibles avec le commerce; parce que les détails et les soins journaliers que le commerce exige, ôtent au commerçant non-seulement le temps nécessaire pour étudier les affaires, et la loi, mais même le goût de l'étude. Dailleurs le commerce par ses relations, par ses opérations forcées tient le négociant dans un état, qui n'est pas véritablement libre. Il engage journellement son avoir, et même sa liberté personnelle par la contrainte par corps. Enfin il pourroit arriver, que le négociant fût à la fois juge et partie dans la même cause, au moins indirectement.

---

## CHAPITRE XXXIX.

### *S'il convient de salarier les Magistrats, et comment.*

COMME je l'ai dit ailleurs, l'homme ainsi qu'une machine montée, tend au repos. Il faut un motif d'intérêt direct et personnel pour le faire mouvoir; il faut l'espoir d'une rétribution ou d'une récompense honorifique.

Sous le premier rapport, il importe que le juge, tel qu'il soit, ne soit payé qu'autant qu'il travaille, et proportionnellement à ce travail; cela importe pour exciter sa vigilance et son zèle, et assurer par là le service; ainsi il faut que les rétributions soient, pour ainsi dire, des droits de présence.

Mais par qui sera fait le fond qui doit servir journellement aux droits de présence? La première idée est de le faire faire par les plaideurs; mais pourtant ceci présente trop d'inconvénients. D'abord il répugne à la délicatesse, que le juge tende une main mercenaire aux plaideurs, ou à l'un des deux. Cela d'ailleurs n'est pas compatible avec la liberté qu'il doit conserver [illegible] sans elle; il n'est pas véritablement juge : il est donc beaucoup plus simple et plus convenable à la fois de destiner à cet objet, un produit tiré de la chose même, par exemple, le droit d'enrégistrement des actes judiciaires, les amendes, les droits de timbre etc.

Ceci est relatif à l'intérêt pécuniaire, et quoiqu'on puisse dire, il seroit imprudent de le supprimer tout à fait. Ce véhicule, quelque mince qu'on le suppose, produit toujours de l'effet, tandis que l'honneur agit foiblement, surtout sur certains individus, et pour les actes minutieux et de détail.

Pourtant il est très-essentiel de présenter au magistrat, quelque chose qui, dès l'instant, flatte son amour-propre, en lui laissant pour l'avenir, la perspective des récompenses honorifiques.

Le moyen de remplir cet objet pour l'instant, c'est de faire agir le juge dans tous les cas, sous les yeux du public, ensorte qu'il puisse s'honnorer de son travail même, de tous ses actes, et pour ainsi dire, de chaque mot que sa bouche prononce. Sous ce rapport, je me plais à dire, l'ordre, nouvellement adopté en France, est préférable à l'ancien usage ; la publicité force le juge à agir, à parler par lui-même; elle plaît à l'orateur, qu'elle encourage, et qu'elle récompense à la fois; elle écarte des magistratures, tous les hommes foibles et la plus forte partie des mal-intentionnés. Enfin elle fixe sans retour la confiance et le respect du peuple, et par une suite nécessaire, l'autorité des magistrats.

Ce que je dis ici s'applique sur-tout aux affaires chargées, qui exigent forcément un examen préalable et le rapport d'un juge. Ce juge peut présenter tour-à-tour les prétentions, les moyens des parties, sans pour cela donner publiquement son opinion. Cette réserve peut être faite sans inconvénient; elle est même nécessaire dans certains cas que l'on peut imaginer.

A l'égard des récompenses futures, il vaut mieux qu'elles soient honorifiques que pécuniaires; il dépend du gouvernement d'instituer des titres d'honneur, et même des décorations ostensibles, comme celles des militaires; mais comme je l'ai dit ailleurs, il faut conserver précieusement le titre de cette monnoie; le magistrat déjà recommandable par de longs services rendus au public, ne peut pas s'honorer d'un titre qui devient commun, et qui s'accorde sans choix ou par la faveur.

CHAPITRE XL.

## CHAPITRE XL.

### *S'il convient que la Justice soit rendue gratuitement.*

IL faut distinguer entre le jugement proprement dit et les actes indépendants du jugement.

J'ai dit dans le précédent chapitre, que la récompense, due au juge, ne doit pas être payée par le plaideur; mais tout ce qui n'est pas le jugement, proprement dit, doit être payé par celui qui succombe. Je dis par celui là, parce qu'il n'est pas juste, que celui qui a été mal à propos inquiété, supporte encore des dépenses. C'est déjà bien assez des inquiétudes et des embarras que les procès occasionnent toujours en pure perte.

J'entends, par les actes indépendants du jugement, tous les actes possibles d'instruction, même les frais de rédaction et d'expédition du jugement; car ces frais ne doivent pas revenir au juge, mais au greffier.

A l'égard des actes qui ne sont pas, à dire vrai, des jugements, tels que les actes de tutelle, curatelle, scellés, inventaires etc. quoiqu'ils soient du fait du juge, il n'est pas naturel qu'ils soient gratuits; ils sont occasionnés par des circonstances, par des intérêts privés, comme les actes notariés; il est juste qu'ils soient payés par ceux qui en ont besoin.

Du reste c'est un très-grand bien et non pas un mal qu'il en coûte quelque chose pour les actes, et l'instruction des procès; cela force les plaideurs à réfléchir, et les décide souvent à faire quelques légers sacrifices pour se concilier. Au contraire lorsqu'il n'en coûte rien pour susciter un mauvais procès, un homme difficile, un chicaneur devient un véritable fléau, parce qu'il peut à volonté forcer qui il lui plaît à se déplacer, et à faire en pure perte de très-gros frais pour défendre à une mauvaise demande, et qu'il peut renouveller cette mauvaise demande tant qu'il lui plaît. En ceci je parle d'après l'épreuve que j'ai faite moi-même.

## CHAPITRE XLI.

### *Des Officiers subalternes et des rétributions qu'il convient leur accorder.*

PLAIDER c'est combattre; c'est un art souvent plus difficile que celui des guerriers: ceux qui ont dit que tout homme peut se défendre se sont lourdement trompés; la défense judiciaire suppose des connoissances que tous les hommes n'ont pas; elle suppose une habitude, une pratique, que le temps et le travail peuvent seuls donner.

Il est donc de l'intérêt de celui qui est forcé de plaider de recourir aux gens de l'art; comme il est de l'intérêt d'un malade de recourir au médecin.

D'ailleurs cela importe à l'ordre public, d'abord pour l'expédition, mais ensuite pour que le juge soit assuré d'avance que l'officier qui se présente, et qu'il connoît, ne s'abandonnera pas aux mouvements passionnés du plaideur, ensorte que sa liberté, à lui juge, ne sera pas compromise ou contrainte, ni son autorité méconue ou méprisée.

Mais pour que l'officier subalterne, le patron, si l'on veut, subsiste, il faut qu'il soit payé et s'il n'y a pas de règle à cet égard, le patron peut abuser des circonstances, et préférer son intérêt à celui du client.

C'est cette réflexion frapante qui a donné lieu à des réglements ou tarifs; mais presque toujours on est parti d'une base fausse; on a cru qu'il falloit payer à la toise; il faut au contraire que ces sortes de réglements aient pour objet principal de restreindre les actes: On peut amener les officiers à ce but par leur propre intérêt; il suffit d'avoir un peu d'usage pour faire cette opération.

## CHAPITRE XLII.

*Qu'il est contre la nature des choses de percevoir des Droits Fiscaux, à cause de l'Administration de la Justice.*

On voit par ce que j'ai dit dans les chapitres précédents, que la justice est une dette du gouvernement, dette qu'il doit acquitter sans condition pour ce qui concerne le jugement. Il est bien sensible d'après cela, que le gouvernement, qui perçoit des impôts à l'occasion des procès, va directement contre l'esprit de l'institution. C'est comme s'il exigeoit un tribut des malades, parce qu'ils sont malades. Il est révoltant d'aggraver le sort de celui qui succombe, en percevant des droits sur la sentence; cela est encore plus criant, s'il arrive que celui qui gagne son procès, et qui est forcé d'avancer le droit, ne puisse s'en faire rembourser. Dans ce cas par ce qu'il a usé d'un droit légitime, le créancier perd sa créance, et de plus tous les droits fiscaux perçus à cause de la condamnat on.

Je pourrois ajouter que ces droits bursaux produisent en général fort peu, parce qu'il est dans leur nature d'entraîner beaucoup de frais de perception, et que d'ailleurs ils sont le plus souvent éludés.

# LIVRE SIXIÈME.

## CONSIDÉRATIONS GÉNÉRALES SUR L'AGRICULTURE, LES ARTS ET METIERS ET LE COMMERCE.

## CHAPITRE PREMIER.

### *De l'Agriculture.*

LE mot Agriculture doit s'entendre non-seulement de la culture des champs, mais de toute espèce de culture. Cet art le plus utile de tous, est la conséquence directe de la propriété. Dans les états qui peuvent suffire à leurs premiers besoins, par leur sol, c'est l'agriculture qui doit d'abord fixer l'attention du gouvernement; viennent après le commerce et les arts. Dans les états qui ne récoltent pas de quoi suffire à leurs besoins, c'est le commerce, et sur tout le commerce d'importation qui mérite la préférence.

J'ai dit ailleurs, et tout le monde accorde généralement qu'il faut exciter, encourager l'agriculture; mais on ne s'accorde pas sur es moyens les plus efficaces pour atteindre ce but. Quelques personnes pensent qu'il faut que le cultivateur soit plutôt pauvre que riche, parce que s'il est riche, il ne voudra pas faire cet état pénible et souvent désagréable. D'autres veulent que le cultivateur soit plutôt riche que pauvre; parce que s'il est pauvre, il ne peut avoir les bestiaux, les harnois et instruments aratoires, convenables, ni faire les avances que la culture exige forcément, comme labours, engrais, semences, etc. Pour moi je pense, qu'il ne faut pas sur ce point adopter de systême général; il faut raisonner selon le temps, selon les lieux et les convenances particulières.

Ainsi, lors que le propriétaire fait les avances et les principaux frais, il n'est pas nécessaire que le cultivateur, qui ne met que son temps, soit riche; qu'il puisse vivre commodément lui et sa famille, c'est tout ce qu'il faut. S'il est trop riche, en général, il dédaigne son état, bien plus encore, à cause des soins minutieux qu'il exige, qu'à cause de la fatigue. Il a incessament les yeux fixés sur les jouissances de la ville, et s'il n'aspire à s'y établir, il s'inquiette pour y placer son fils et sa fille; de sorte que l'agriculture perd non-seulement des sujets naturellement appellés à cet état, mais aussi le fruit de la longue expérience du père. C'est alors un étranger, un homme qui ne connoît pas le local qui remplace celui qui le connoissait; et ceci n'est pas un petit incouvénient, car chaque arpent de terre, pour ainsi dire, demande à être connu, pour être cultivé à propos.

Je sçai qu'il y a des fermes ou emplois, qui exigent forcément, pour ainsi dire, un fermier riche, surtout à cause des grosses avances, dans les cantons où les propriétaires ne sont pas dans l'usage de faire ces avances; je crois même que ces exploitations importantes peuvent, en certains cas, présenter de grands avantages: mais ceci sort de la thèse générale. Ces sortes de fermiers sont plutôt des commerçants, des entrepreneurs, que des cultivateurs proprement dit. Il en est d'eux comme des chefs d'une manufacture ; ils ne travaillent pas; ou du moins ils travaillent peu par eux-mêmes, ils font travailler.

Je conclus de tout ceci, que ce n'est pas en présentant au cultivateur, proprement dit, la perspective de la fortune, qu'on encourage l'agriculture. Un moyen plus efficace, est d'accorder à l'état de cultivateur, une certaine aisance, une certaine considération : cette aisance convenable est presque toujours assurée, puisque c'est le cultivateur qui fait pour ainsi dire, la part des autres individus, et qu'il n'est pas à présumer qu'il s'oublie. A l'égard de la considération, il dépend du gouvernement de l'assurer par des mots, pour ainsi dire, par des démonstrations extérieures; il peut sans inconvénent ajoûter encore quelques légers priviléges ou exemptions surtout pour les cultivateurs chargés de plusieurs enfants. C'est là, je le sçais, la richesse du cultivateur; mais c'est aussi celle de l'état; et l'état, comme les particuliers, ne peut s'enrichir d'un côté, sans faire des sacrifices de l'autre.

Au reste il est sensible que le cultivateur riche ou pauvre, travaillant ou faisant travailler, a les mêmes droits que les autres membres de l'association, droits renfermés dans ces deux mots, liberté, propriété; ainsi en général il peut faire ce qu'il lui plaît de sa récolte.

Cependant cette liberté est toujours subbordonnée à la condition primitive sans nuire, et son intérêt particulier doit céder à l'intérêt général.

C'est d'après ce principe, que dans certains cas pressants, comme une disette, une invasion, un siège, le gouvernement peut sans injustice exiger que le cultivateur fournisse le grain dont il peut disposer, en assurant toute fois le payement à un prix équitable, et à l'instant de la livraison.

---

## CHAPITRE II.

*Si le gouvernement peut prescrire ou interdire certaines cultures.*

C'EST aussi par suite de ce principe, que le gouvernement peut prescrire ou interdire dans certains lieux, certaines cultures. Il a ce droit, même quand le sol seroit propre à la culture qu'il interdit pour en prescrire une autre, si cette disposition peut produire un avantage général pour la nation, par exemple, des échanges, ou même de simples relations commerciales. C'est-là, pourquoi presque tous les gouvernements d'Europe défendent à leurs colons américains la culture des bleds, tandis qu'ils défendent en Europe la culture du tabac.

Mais avant de porter ces lois si choquantes pour l'intérêt privé, le gouvernement doit être bien assuré de la vérité des faits : non par les discours des hommes systématiques, mais par des combinaisons sûres, et même par des épreuves, quand on peut les tenter sans danger.

Ce que je dis du genre de culture, peut s'appliquer aussi au mode de culture ; on reproche aux cultivateurs de se conduire par la routine, de travailler sans réfléchir, sans rien combiner : en général, ce reproche n'est pas fondé ; il est difficile de marcher deux jours de suite et de trouver au bout de cette course, les mêmes instruments aratoitres, les mêmes pratiques, et pourquoi ? c'est que la nature du sol n'est plus la même ; ici le terrein est fort, là il est léger et sablonneux. Les cultivateurs ont pour eux l'expérience ; et il est rare de trouver un canton où l'on ne fasse pas de temps à autres de nouveaux essais. Ces résultats sont toujours plus certains que les calculs des académiciens, qui se disent connoisseurs dans cette partie.

Que si cependant plusieurs expériences démontrent qu'une pratique est préférable à celle usitée ; alors il faut imiter le gouvernement Russe, qui paya les premiers ouvriers qui voulurent bien faire usage de la scie. C'est un léger sacrifice qui ne peut avoir de durée, parce que bientôt la routine céde à l'intérêt personnel.

## CHAPITRE III.

### *Des Cultures d'Agrément.*

C'EST encore par suite du principe rappellé dans les deux précédents chapitres, que le gouvernement peut et doit même empêcher qu'un propriétaire convertisse en jardins, en promenades, une quantité de terre, tellement importante qu'il en résulte du préjudice pour le lieu, et à cet égard il ne suffit pas de calculer s'il reste assez de terre à bled; il faut voir aussi s'il reste assez de terres propres au paturage, si le cours des eaux n'est pas par ce moyen détourné, intercepté. etc. Je ne connois pas de lois précises sur cette matière; si l'on croyoit devoir adopter l'idée que j'ai donnée au chapitre 10, livre premier, de borner la propriété d'un seul au quart du territoire, je croirois juste de borner aussi ses cultures d'agrément, au quart de ce quart, c'est-à-dire, au seizième du total du territoire.

Au reste le gouvernement est certainement fondé à tirer une indemnité, relativement à ces cultures d'agrément, toutes les fois qu'elles employent un terrein assez important;

cette indemnité lui est due pour les secours qu'il est souvent obligé de fournir aux individus qui vivent sur un territoire trop resseré. Si l'impôt foncier a lieu, le terrein employé à l'agrément peut payer un double impôt, le premier comme les autres terres, le deuxième à cause de la jouissance. C'est ici le cas d'appliquer les règles que j'ai données au chapitre 18 du livre 5, sur les impôts de luxe.

---

## CHAPITRE IV.

### *Des Vignes, des Bois, des Paturages.*

TEL sol est propre à la vigne, tel autre à produire du bois ou seulement du pâturage: Le gouvernement ne peut pas déranger l'ordre établi par la nature; mais il peut et il doit même empêcher l'individu de contrarier cet ordre naturel.

Il suit de là, qu'il peut empêcher un propriétaire de planter en bois des terres propres à rapporter des grains; le bois est nécessaire sans doute, mais le grain est plus nécessaire encore; l'individu ne calcule que sa convenance particulière, l'état doit calculer la convenance générale.

Quand au contraire l'héritage planté en bois

se trouve située dans un canton où le bois est rare, le propriétaire qui voudroit le faire arracher pour semer des grains, porteroit un préjudice à l'intérêt public; il est donc naturel que dans ce cas de changement, si l'objet est important, le propriétaire prenne l'attache du gouvernement.

Je dis, si l'objet est important, parce que l'on conçoit bien que l'intérêt public est insensible, et même à peu près nul, quand il s'agit de petits objets.

Ce que je dis ici des bois s'applique aux vignes et aux paturages; il est des cas où l'état a plus d'intérêt à autoriser les paturages, que tout autre rapport, cela tient à la situation des lieux et à la consommation plus ou moins grande en viande ou laitage.

## CHAPITRE V.

*Que le gouvernement peut et doit même autoriser la culture des terres abandonnées.*

LE gouvernement par suite du grand principe d'intérêt public, peut et doit même autoriser la culture des terres abandonnées et incultes; ce n'est pas là un attentat à la propriété; au contraire, l'effet de cette disposition est d'évertuer le propriétaire, et de ne rien laisser de ce qui est utile sans maître.

Mais il faut que l'autorisation, accordée dans ce cas, soit précédée de formalités tellement publiques, que le propriétaire ancien, qui a négligé ou abandonné la culture soit suffisamment instruit; s'il persévère dans sa négligence, on peut raisonnablement conclure qu'il abandonne l'objet; soit par ce qu'il ne vaut pas pour lui les frais de culture, soit qu'il ne trouve pas à le vendre ou à l'affermer.

## CHAPITRE VI.

*Si le Gouvernement peut contraindre un propriétaire à tirer de sa chose un meilleur parti.*

En général, il faut décider que le gouvernement n'a pas ce droit, qui, exercé à la lettre, seroit une véritable inquisition. Dès que l'héritage ne reste pas inculte, le propriétaire est exempt de reproche. C'est sa chose, il peut y semer ce qu'il lui plaît, ce qui est le plus analogue à ses besoins, à ses goûts, quand même le produit seroit moindre.

Il est cependant des cas particuliers qui peuvent autoriser le gouvernement à demander que le propriétaire tire tout le parti de sa chose, ou qu'il cède sa propriété. Je suppose, par exemple, que le propriétaire ait un cours d'eau naturellement propre à une usine avantageuse, sous le rapport d'intérêt public, c'est alors le cas d'appliquer le principe, que l'intérêt privé doit céder à l'intérêt général. Mais pour que l'acte du gouvernement, dans ce cas-là, soit à l'abri de reproche, il faut 1°. que les faits soient légalement constatés : 2°. que l'on donne au propriétaire la faculté d'établir l'usine par lui-même et pour son compte : 3°. qu'à son refus on l'indemnise avant de céder son droit de propriété ; et cette indemnité doit être réglée, non pas seulement d'après la valeur réelle et actuelle de la propriété, mais aussi eu égard à la valeur de convenance, qu'elle présente pour la construction de l'usine.

---

## CHAPITRE VII.

### *Des Moulins et de leur Police.*

PUISQUE je parle des usines, je ne puis m'empêcher de dire ici un mot des moulins. C'est une chose forcée dans les campagnes, de confier son grain à un meûnier, pour le convertir en farine. Partout on se plaint des meûniers, et nulle part on n'a encore pensé efficacement à se mettre en garde contre leurs tromperies. C'est un objet essentiel de police négligé partout.

Il faut que le meûnier vive lui et sa famille, qu'il supporte les frais d'entretien, les non-valeurs, les mortes-saisons, etc. Mais tous ces objets sont faciles à calculer ; et partout, on peut déterminer, à un ou deux centièmes près, le produit en farine et en son d'un quintal de bled. Pourquoi donc ne pas exiger partout que le meûnier prenne au poids, et qu'il rende de même ? Pourquoi ne pas astreindre les meûniers à laisser un échantillon du bled qui leur est confié, à souffrir des visites de police ?

Qu'on ne dise pas que cette inspection blesse la liberté et la propriété : d'un côté, elle a pour base l'intérêt public ; d'autre part, elle a précisément pour objet de conserver la propriété de celui qui envoie moudre. Enfin celui, dont l'état consiste à servir le public, se soumet indirectement à cette inspection.

Les soustractions, les tromperies des meûniers sont d'autant plus criantes, qu'elles pèsent presque toujours sur la classe indigente ; car les gros fermiers ou marchands de farine font tous des marchés au poids, qui les garantissent, à très-peu près, de ces rapines.

CHAPITRE VIII.

## CHAPITRE VIII.

### *Des Arts et Métiers.*

Les arts et métiers sont nés de l'aisance et du luxe, et ils les entretiennent. Ils ne sont pas de première nécessité comme l'agriculture ; mais pourtant il n'est pas possible de concevoir un état policé sans arts et métiers. Ils donnent aux productions naturelles un nouveau prix, qui souvent dépasse de beaucoup leur valeur primitive. Ils donnent enfin de l'importance et de la valeur à des choses qui, par elles-mêmes, n'en ont pas.

Mais le gouvernement ne doit pas à tous les arts, à tous les métiers, le même degré de protection, de faveur : cela dépend de leur plus ou moins d'utilité ; et sur ce point le gouvernement a constamment le droit de juger. Il peut aussi par suite, limiter et même interdire tout-à-fait certains arts inutiles ou pernicieux. C'est une des conséquences du droit de grande police.

Je sçais que l'industrie et le génie sont compagnons inséparables de la liberté ; mais aussi la liberté ne peut exister que là seulement où l'ordre est établi, là où la licence est enchaînée par une police éclairée et sévère.

## CHAPITRE IX.

*Qu'il est plus utile de fixer les Artistes et Artisans à un certain genre d'occupation.*

Ce que je dis là peut servir de rèponse à ceux qui ont regardé les statuts de certains corps comme des actes coutraires à la liberté. Il est naturel que le statut, qui donne à un individu le droit exclusif de faire telle chose, lui interdise le droit d'en faire une autre. C'est ici une espèce de propriété déterminée. Celui qui a droit de se mêler de tout, finit presque toujours par se ruiner, s'il veut user de ce droit indéfini, en cumulant plusieurs métiers. Il est si naturel d'adopter un seul métier, que cela s'observe ainsi, même dans les états qui n'ont pas de réglements sur cette matière.

Quand les individus du même état, n'ont pas de liaison entr'eux, il est bien plus difficile que la police les surveille ; alors le plus grand nombre des acheteurs traite au hazard et sans assurance, ni sur la capacité de l'ouvrier, ni sur sa probité. Au contraire s'il existe une corporation, legalement instituée et assujettie à des règles ou statuts, l'acheteur est en quelque sorte assuré que l'ouvrier ou marchand, à qui il s'adresse, sçait son état; car avant d'être admis, il a dû faire un apprentissage, subit des épreuve etc. Cet ouvrier a plus d'obstacles à vaincre, s'il veut tromper, parce qu'il travaille et vend en quelque sorte sous l'inspection des chefs choisis parmi ses pairs, et cela indépendamment de l'inspection du magistrat de police.

## CHAPITRE X.

### *Des Apprentifs, Elèves, Aides ou Compagnons.*

Ce que je viens de dire, suppose la nécessité légale pour chaque ouvrier de travailler successivement, et pendant un temps déterminé comme apprentif, puis comme aide ou compagnon. Outre l'intérêt que je viens de pésenter; outre celui des maîtres, dont l'existence est généralement assurée par ce moyen sur le déclin de l'âge, j'y vois un intérêt bien plus pressant, puisqu'il tient à l'ordre général. Cette gradation assure l'autorité des maîtres, qui comme je l'ai dit ailleurs, doivent répondre civilement de ceux qui leur sont subordonnés. Ainsi en se concertant, en donnant, si l'on veut, ses ordres à deux ou trois individus, qui sont à la tête d'une corporation, le magistrat de police, peut retenir dans le devoir tous les individus de cet état, maîtres, compagnons, apprentifs. Il est possible, avec de tels anneaux, de maintenir l'ordre dans la cité la plus considérable, sans faire de frais pour ainsi dire. Quand les hommes sont désunis, divisés à l'infini, comme des grains de sable; la police travaille beaucoup, et ne fait presque rien d'utile; souvent les moyens, qu'elle est obligée d'employer, ne servent qu'à la mieux tromper et à encourager les malveillants.

---

## CHAPITRE XI.

### *Des Gardes Jurés ou autres Chefs des corporations particulières.*

Ce que j'ai dit suppose aussi qu'il existe des chefs pour chaque corporation; il est dans la nature que ces chefs soient élus par leurs confrères, qu'ils soient élus à temps, et que les anciens aient quelqu'avantages sur les jeunes, comme plus éprouvés. Il suffit d'ailleurs que ces chefs temporaires connoissent leur état, pour bien juger de ce qui y est relatif.

L'usage et quelques fois les réglements donnoient aux jurés un droit d'inspection, de visite; il seroit, peut-être convenable, de leur donner dans certains cas le droit de constater, et même de juger, sauf le recours au juge, tout ce qui est relatif aux mal-façons, aux fraudes et tromperies de leurs confrères, qui leur seroient dénoncés directement. Cette police domestique pourroit éviter beaucoup de procès. Au reste c'est ici une réflexion générale, qui peut-être limitée ou même tout à fait supprimée, à l'égard de certaines corporations.

---

## CHAPITRE XII.

### *Que les Corporations peuvent faciliter l'assiette et le recouvrement des Impôts.*

IL étoit d'usage dans les grandes villes de recourir aux gardes et jurés des communautés, pour l'assiette et le recouvrement des impôts personnels. Cet usage produisoit à la fois plusieurs avantages. Du côté du gouvernement; il facilitoit, il accéleroit le recouvrement, parce que le plus souvent les jurés payoient la somme totale avec les deniers communs. Du côté des individus la répartition étoit faite plus également, parce que les gens du même état ont plus de relations et connoissent mieux leurs facultés, leurs moyens particuliers. Enfin dans un moment de crise, les corporations pouvoient servir efficacement le gouvernement, soit de leur fond, soit de leur crédit, et cette ressource n'est pas indifférente, surtout dans l'état monarchique. Le crédit d'une corporation est toujours plus étendu, que celui d'un particulier parce qu'elle ne meurt pas, et qu'elle peut presque toujours donner de grandes sûretés.

## CHAPITRE XIII.

### *Du Commerce en général.*

L'OBJET du gouvernement est de placer chaque chose selon sa destination naturelle, ou du moins de la placer le plus avantageusement possible.

Plus un peuple a de besoins réels ou factices, plus son commerce doit être étendu. Aussi voit-on, que l'Europe fait elle seule plus de commerce, que l'Asie, l'Afrique et l'Amérique ensemble; et dans l'Europe les régions du nord, font proportionnellement plus de commerce que les régions du midi.

L'agriculture et les arts alimentent le commerce, mais le commerce à son tour donne le mouvement et la vie à ces deux parties, qui souffrent et qui dépérissent, si le commerce ne peut avoir lieu; s'il est même trop gêné-

## CHAPITRE XIV.

### *Que le Gouvernement ne doit pas commercer.*

QUAND le gouvernement se mêle du commerce, ou qu'il s'en attribue seulement une branche; il en attaque, il en détruit le principe, qui est la liberté; il la détruit directement, s'il interdit ce commerce à tout autre que ses préposés; il la détruit indirectement à la longue sans recourir à des défenses expresses, parce-qu'il a toujours plus de moyens qu'un particulier, qui d'ailleurs, quand il le pourroit, ne voudroit jamais risquer d'être le concurrent du gouvernement.

## CHAPITRE XV.

### *Des Privilèges exclusifs.*

CELUI qui fait une découverte utile, qui bâtit une manufacture, une usine, en doit réjouir exclusivement. Ceci ne tient pas au commerce, mais à la propriété.

A l'égard du commerce proprement dit, il faut, pour décider la question des privilèges, distinguer, si le commerce est extérieur, ou s'il est intérieur. Pour ce qui est du commerce extérieur, surtout dans les pays éloignés, le privilége exclusif, loin de nuire, est le plus souvent utile. Il ne nuit pas, parce qu'il n'a pas ordinairement pour objet des choses de nécessité première. Il est utile, parce que c'est ce privilége qui décide une compagnie à faire de grosses avances, et à courir des risques, auxquels elle ne voudroit pas s'exposer, si le privilége ne lui présentoit pas l'espoir d'une indemnité proportionnée ; dans ce cas là, c'est le privilége qui est la cause du commerce.

A l'égard du commerce intérieur, rien ne peut légitimer le privilége exclusif. Non-seulement il détruit la liberté du commerce en général, mais c'est une violation directe de la liberté sociale de chaque individu.

Il ne faut pas regarder comme privilége exclusif, le droit donné à certains ouvriers, ou marchands, de faire ou vendre telle chose exclusivement. Ce n'est pas là un privilége proprement dit, puisqu'il est donné à tous les membres d'une corporation, qui agissent, qui vendent chacun pour leur compte particulier; la concurrence, qui s'établit entr'eux, remet les choses dans l'ordre naturel. D'ailleurs il existe une nouvelle concurrence entre les ouvriers et marchands d'une ville, et ceux du même état d'une ville voisine, ensorte qu'il n'est pas possible à ceux-ci d'établir un cours plus fort que ceux-là.

# CHAPITRE XVI.

## *Du Commerce extérieur.*

Le commerce extérieur est, par sa nature, sujet à des règles particulières; il consiste à exporter ou importer. L'un ou l'autre moyen peut devenir dangereux dans certains cas, par exemple, l'exportation des denrées dans une disette, l'importation de certaines marchandises travaillées chez l'étranger, et qui peuvent déprécier les valeurs, les marchandises nationales. Ainsi le commerce extérieur, demande dans presque tous les cas, l'autorisation du gouvernement.

Malgré les désavantages de l'exportation ou de l'importation, il arrive cependant que le gouvernement est quelques fois forcé de s'y prêter, de les autoriser même expressément. Dans ce cas il est juste qu'il tire une indemnité, et c'est là ce qui a fait imaginer, et qui rend légitimes les droits d'entrée et de sortie; d'ailleurs ces droits sont payés en définitif, ou par des étrangers, à qui le gouvernement ne doit pas de menagements, ou par des gens riches de l'intérieur, à qui il en doit moins qu'aux pauvres.

## CHAPITRE XVII.

### *Des Douanes et de la Contrebande.*

IL faut bien que le gouvernement ait des douanes, soit pour empêcher la sortie, ou l'entrée des marchandises prohibées, soit pour percevoir les droits sur celles dont l'entrée ou la sortie sont autorisées; mais il est essentiel de faire pour ces douanes des tarifs clairs et précis, afin de ne rien laisser à l'arbitraire des préposés ou commis. Souvent il est moins dur de payer le droit, que de supporter les mauvaises difficultés et la mauvaise humeur des commis. On peut dire que c'est presque toujours ce dernier désagrément, qui décide celui qui a quelqu'aisance à frauder.

Du reste on conçoit que les peines de la fraude doivent être graduées, et toujours proportionnées à l'importance de l'objet pris en contrebande. Sous ce rapport la confiscation semble convenir, et devoir être suffisante. Il est pourtant des cas, mais ils sont très-rares, où il est convenable d'infliger une peine plus grave. Cela dépend du temps et des circonstances même; car il est possible qu'un fait de contrebande soit une trahison, et par conséquent un crime d'état.

## CHAPITRE XVIII.

### *Du Commerce Maritime.*

CE commerce a aussi ses principes propres; et d'abord comme il se fait presque toujours à l'extérieur, il faut lui appliquer les règles dont je viens de parler au chapitre 15. Ses autres règles sont relatives aux risques de la mer et des voyages de long cours.

Ce sont ces risques qui sont plus ou moins grands selon les saisons, selon les diverses régions, selon l'état de paix ou de guerre etc. qui rendent légitimes les contrats d'assurance et ceux à la grosse avanture, qui semblent si inégaux au premier coup d'œil. Tous ces contrats, meurement examinés, ne sont pas contraires aux principes primitifs; ils en sont ordinairement la conséquence.

## CHAPITRE XIX.

### *Des Amirautés.*

J'AI dit au chapitre 33 du livre, 5 qu'il peut-être útile, qu'il existe une chambre chargée spécialement de juger les affaires maritimes; mais qu'elle doit faire partie intégrante du tribunal ordinaire, j'en ai dit les raisons.

## CHAPITRE XX.

### *Des Revendeurs et Détaillants.*

Je comprends sous ce nom tous les marchands des villes ou villages, qui ne fabriquent pas; généralement parlant c'est une classe aisée, mais très-serrée et souvent très-avide. C'est l'effet du détail d'inspirer, d'entretenir et d'accroître le desir de gagner sans mesure. Si avec cette disposition le marchand détaillant n'est pas retenu par les principes de morale et de religion, il devient insensiblement un homme dangereux; car il a cent fois dans le jour l'occasion d'user de la loi du plus fort, même contre le riche, qui n'a pas pour l'instant la facilité d'acheter ailleurs.

## CHAPITRE XXI.

### *De la Bonne-Foi.*

J'ai dit ailleurs point de liberté, point de commerce. Il faut dire aussi, point de bonne-foi, point de commerce; car sans bonne foi tous les actes, qui appartiennent au commerce, sont des actes de brigandages. Or, il n'y a pas de bonne-foi là où il n'y a pas de pouvoir moral, là où ce pouvoir est anéanti par quelque cause que ce soit.

Le commerçant doit gagner, cela est juste; mais que doit-il gagner? voilà ce qu'il est difficile de déterminer; cela est même impossible dans bien des cas; par exemple, si l'objet recherché est dans un seul magasin; dans ce cas là, et dans beaucoup d'autres, qui peut obliger le marchand à restreindre ses bénéfices? ce qui peut l'obliger, c'est l'esprit général de moralité, qui lui fait craindre les reproches étrangers; c'est sa moralité propre, qui lui fait craindre les reproches ou remords de sa conscience.

Si la morale publique est dépravée ou tout à fait corrompue; il est rare que la morale privée lui survive, sur tout dans la classe mercantile généralement moins instruite. Alors l'avidité n'a plus de frein ni public ni privé; chacun veut devenir riche; et pour aller plus vîte l'on se permet de frauder, quelquefois même de voler; la dépravation est au comble, quand le marchand ose rire ou se vanter des ruses et des supercheries, qui devroient le couvrir de confusion.

Cet excès de dépravation arrive presque subitement; il faut des siècles pour ramener l'ordre, parce que la multitude, je le répete, ne peut pas juger, et que ses yeux ne s'arrêtent que sur ce qui est frapant, et qui flate comme par exemple, une fortune considérable amassée rapidement, n'importe par quels moyens.

## CHAPITRE XXII.

### *Des Tribunaux de Commerce.*

Je crois très-utile qu'il existe une chambre, chargée spécialement des affaires de commerce; mais il convient que cette chambre fasse partie des tribunaux ordinaires, comme je l'ai expliqué au chapitre 33 du livre 5 : j'y renvoie.

## CHAPITRE XXIII.

### *De la Contrainte par Corps.*

Quoiqu'on ait pu dire, la contrainte par corps est nécessaire pour la sûreté et la facilité du commerce. Elle n'est pas à craindre pour l'homme intelligent et probe; car lorsqu'il s'engage il est très-décidé à payer. S'il est empêché au terme par quelqu'évènement majeur ou imprévu, son intelligence et sa probité lui font trouver des ressources et des facilités. La loi vient aussi à son aide, comme je le dirai dans un moment.

A l'égard des étourdis et des fripons, qui veulent se mêler du commerce, est-il donc si fâcheux qu'ils soient privés de leur liberté, s'ils ne paient pas? cette rigueur les force à réfléchir avant de s'engager, et sous ce rapport c'est un préservatif très-utile.

On a eu tort de dire que le commerçant, qui s'oblige par corps, vend sa liberté; tout au contraire il travaille pour la conserver, ainsi que sa vie par le bénéfice du commerce; il ressemble au militaire qui s'expose au feu de l'ennemi, au matelot qui affronte les dangers de la mer, parce que ces risques tiennent à leur état. On peut encore dire, qu'il ressemble, sous un certain rapport, à tous les membres de l'association, qui, par la nature du pacte social, se trouvent obligés à subir la prison et la mort même, s'il leur arrive de commettre des crimes, que la loi les punit ainsi.

La raison pour les commerçants s'applique naturellement aux fermiers des biens ruraux, fermiers à qui la loi ancienne permettoit de s'obliger par corps. C'est souvent la seule assurance que le fermier puisse donner, sur-tout lorsque la ferme est garnie par le propriétaire.

## CHAPITRE XXIV.

### *Des Faillites et Banqueroutes.*

ON a fait sur-tout en France, beaucoup de réglements sur cette matière; mais aucun n'atteint le véritable but. Un homme assez effronté, assez fripon, peut faire sa fortune par une banqueroute, sans courir aucun risque. Tout consiste à s'éloigner pour l'instant, et à épouvanter les créanciers qui, craignant de tout perdre, se contentent ordinairement de ce qu'on leur fait offrir.

Pour remédier à ce mal, je ne vois qu'un moyen efficace; c'est de réputer banqueroutier frauduleux, tout commerçant, qui prend la fuite, par le seul fait de la fuite; de le condamner comme tel aux peines de la loi, et de saisir et vendre en même temps tous ses biens au profit de ses créanciers.

Je sçais qu'en général le crime ne se présume pas; mais ici ce n'est pas une présomption qui détermine, c'est une véritable conviction. La preuve, ce sont les engagements échus qui ne sont pas payés: c'est le fait que le débiteur est nanti des marchandises, ou qu'il en a disposé au préjudice des créanciers, ce qui est un vol.

Du reste cette loi suppose des formalités préalables, pour constater l'ouverture de la faillite et le fait de l'abscence; il ne suffit pas dans ce cas ci d'un simple acte d'huissier; il faut que le juge se transporte lui-même chez le commerçant, qu'il entende les personnes qui tiennent la maison; si elle est fermée, qu'il prenne les déclarations des voisins; qu'il fasse ouvrir les portes, et qu'il juge par lui-même, si ce n'est

pas

pas une terreur panique, ou la malveillance qui anime le créancier.

Je suppose ici un fuyard, mais un commerçant malheureux, sans qu'il y ait de sa faute, ne s'en va pas. Il est presque toujours dans le cas de se justifier à l'instant même de son désastre. S'il ne le peut dans l'instant, c'est au juge à lui fixer un délai; mais comme l'évènement parle contre lui, il est juste de s'assurer de son avoir et de lui-même; c'est encore le juge qui doit décider à cet égard, après qu'il a vu de ses yeux.

Il a suffi, pendant long-temps, pour empêcher les faillites, du moins pour les rendre plus rares, d'imprimer une note desavantageuse au failli, et de le priver de certains droits honorifiques. Je ne dis pas, qu'il faille supprimer cette institution, je dis seulement qu'elle est insuffisante chez un peuple, dont les mœurs sont dépravées.

---

## CHAPITRE XXV.

### *De la Cession de Biens.*

Le droit de contrainte par corps nécessite un autre droit, celui de cession; car lorsque le débiteur abandonne tout ce qu'il posséde, il est bien sensible qu'il fait tout ce qu'il peut, et que par conséquent le créancier ne gagneroit rien à le retenir davantage en prison.

D'ailleurs la cession ne libère pas le débiteur, elle rend seulement sans effet la contrainte par corps : si donc le débiteur vient à faire des bénéfices, il faut qu'il achève de payer; sous ce rapport, la cession peut devenir avantageuse au créancier lui même.

Au reste, il est sensible que cette faveur de la loi ne peut avoir lieu, s'il est prouvé que le débiteur ne fait qu'un abandon partiel et frauduleux.

---

## CHAPITRE XXVI.

### *Réflexions sur les Successions et les Contrats privés.*

Ici se présente naturellement une carrière immense, car l'ordre des successions, tous les contrats et tous les actes privés tiennent essentiellement aux deux principes primitifs, liberté, propriété. Il n'entre pas dans mon plan de rappeller les principes particuliers de chaque matière; mais je devrois peut-être, puisque je suis Français, parler avec quelques détails des lois nouvelles, relatives aux successions, et de celles qui ont anéanti ou rendu illusoires certains contrats.

A l'égard des successions, je me borne à quelques mots : je sçais bien, puisque ce sont les principes que j'ai établis au livre premier, que c'est par l'effet de la loi, que la liberté et la propriété existent, et que la loi peut modifier et limiter ces deux droits, quand l'intérêt public l'exige; mais modifier, limiter, ne veut pas dire anéantir: par exemple, la fameuse loi du 17 nivôse, dont on s'est tant de fois occupé, dans un cas très-ordinaire, dépouille la famille qui a acquis, qui a conservé l'héritage, pour le donner à une famille étrangère, qui n'a rien fait pour l'acquérir, pour le conserver, ni pour le mériter comme don; qui souvent est elle même plus fortunée que la famille dépouillée. Je ne vois pas trop ici le grand motif d'intérêt public; je sçais bien que ce mot *famille* n'a plus une grande signification; mais il n'en sera pas de même, si le pouvoir moral se rétablit.

Par une autre disposition, cette loi fameuse frape, pour ainsi dire, le propriétaire, d'interdiction pour tous les actes de prévoyance, de reconnoissance ou de bienfaisance; il se peut qu'il y ait encore de grands motifs d'intérêt public, pour restreindre jusques à cet excès la liberté individuelle: mais j'avoue qu'ils ne me frapent pas non plus. Les anciennes lois présentoient à ce sujet des inconvénients; mais la loi nouvelle en est-elle donc exempte ? Sont-ils moins graves ? J'ai déjà observé plusieurs fois, que loin de rien changer à l'opinion, cette loi porte les hommes par cela même qu'elle les contrarie, et qu'elle les gêne à faire, de leur vivant, des actes factices ou frauduleux, et des sacrifices énormes pour assurer des avantages, des dons excessifs, qui leur causent ensuite des regrets inutiles, qui dérangent leurs affaires et leur rendent la vie insupportable. En un mot, si d'après la dernière constitution, il faut dire que le Français vit libre et propriétaire ; il faut dire aussi, d'après la loi du 17 nivôse, et tous ses corollaires, qu'il meurt interdit et même esclave.

A l'égard des contrats, des engagements sans nombre, annullés ou rendus illusoires depuis quelques années, soit par des dispositions directes, soit indirectement par la forme de l'administration, par le papier-monnoye, etc. je l'avoue, je n'ai pas le courage de regarder derrière moi ; le volcan est éteint, mais toute la contrée est encore couverte de fumée, de cendres et de débris ; le sol est desséché : le temps, le temps seul peut le rafraîchir, le raviver, le faire fructifier.

FIN.

www.ingramcontent.com/pod-product-compliance
Ingram Content Group UK Ltd.
Pitfield, Milton Keynes, MK11 3LW, UK
UKHW021854190726
13855UKWH00001B/310

9 782013 362559